EL
TABERNÁCULO
de ISRAEL

Ilustración 1.— Los utensilios judíos en el Arco de Tito en Roma. Los remates rectangulares de las astas que sostienen los soldados son las enseñas romanas.

EL

TABERNÁCULO

de ISRAEL

SU ESTRUCTURA Y SIMBOLISMO
Illustrado

JAMES STRONG

Autor de la *Nueva concordancia Strong exhaustiva*

PORTAVOZ

Título del original: *The Tabernacle of Israel,* © 1987 por Kregl Publications y publicado por Kregel Publications, Grand Rapids, Michigan 49501.

Edición en castellano: *El tabernáculo de Israel,* © 2003 por Editorial Portavoz y publicado por Editorial Portavoz, filial de Kregel Publications, Grand Rapids, Michigan 49501. Todos los derechos reservados.

Traducción: Santiago Escuain
Ilustraciones: Don Ellens

EDITORIAL PORTAVOZ
P.O. Box 2607
Grand Rapids, Michigan 49501 USA

Visítenos en: www.portavoz.com

ISBN 978-0-8254-1782-5

1 2 3 4 5 edición / año 13 12 11 10 9

Impreso en los Estados Unidos de América
Printed in the United States of America

CONTENIDO

INTRODUCCIÓN

DURANTE MÁS DE TREINTA AÑOS ESTE AUTOR ha estado estudiando con profundidad el tema de este libro, y en el curso de su investigación y cotejo ha adquirido y examinado cuidadosamente cada libro importante que trata del mismo. Este autor ha intentado desentrañar las dificultades que hasta ahora han frustrado la capacidad y la erudición de los intérpretes y ha tratado con ello de aclarar el conjunto del tabernáculo para la comprensión del lector común. En este trabajo ha reunido todo aquello que hasta ahora ha podido dilucidarse y que considera idóneo para comunicar una idea justa de aquella extraordinaria edificación, la primera y la última (incluyendo en ello su posterior desarrollo, el Templo de Jerusalén) inmediatamente diseñada y directamente autorizada por el mismo Omnipotente como su lugar de culto especial para su pueblo escogido. Como tal ha tenido siempre un lugar destacado en la consideración y pensamientos de los santos, y en estos tiempos de ciencia arqueológica sigue manteniendo su atracción sobre la reverente curiosidad de un mundo inteligente. Muchos eruditos se han afanado por restaurarlo tan completamente como sea posible para la comprensión de los modernos occidentales. Es de esperar que no se considere excesivamente ambicioso este esfuerzo en su aspiración de hacerlo de manera más exhaustiva que hasta el presente con propósitos de divulgación. El autor no tiene ninguna teoría favorita que proponer, ni ninguna influencia doctrinal que pueda prejuiciarle. Sencillamente, ha tratado de recoger, valorar y combinar la información que ha podido obtener de todas las fuentes posibles, e incorporar todos aquellos nuevos datos que ha conseguido con sus propios descubrimientos y comprobaciones, para presentar todo lo realmente relevante de una forma tan clara y sistemática como lo permita el asunto en cuestión.

AUTORIDADES SOBRE EL TABERNÁCULO

Hay una cantidad de autoridades que han escrito acerca del tabernáculo. Naturalmente, la fuente más fiable, así como la más completa y concreta acerca del tabernáculo de Israel, es la Biblia, especialmente el clásico pasaje de Éxodo 25–28, que prescribe minuciosamente la construcción del edificio y de sus utensilios, junto con el pasaje paralelo de Éxodo 35–40, que describe, casi en las mismas palabras, la ejecución de la tarea. La fraseología del registro original, aunque es singular por su concisión, resulta, cuando se examina cuidadosamente, que comunica o implica precisamente lo necesario para conducir al lector en todos y cada uno de sus detalles importantes.

Las especificaciones que se dan posteriormente en el relato escriturario del Templo de Salomón (1 R. 6; 2 Cr. 3, 4), incluyendo el templo contemplado en la visión de Ezequiel (40–42), arrojan una considerable luz adicional sobre este asunto, ya que ambos fueron modelados, en sus rasgos más esenciales, según el plan del tabernáculo, como tendremos ocasión de ver. Hay ocasionalmente menciones esparcidas en otros pasajes de las Escrituras, que sirven para confirmar, completar o corregir nuestras deducciones basadas en estas principales fuentes de especificaciones.

Entre las autoridades profanas de la antigüedad, la principal es desde luego Flavio Josefo,[1] que en su bien conocida descripción del más antiguo edificio sagrado de los judíos, repite, con alguna variación y unas pocas sugerencias originales, las declaraciones de las Escrituras acerca del mismo.

Es muy poca la información que aparece en los escritos rabínicos de los judíos que nos pueda servir de ayuda para la reconstrucción del tabernáculo, y ninguna en absoluto en toda la literatura de cualquier nación pagana de la antigüedad, excepto en el caso de los egipcios, cuyos templos fueron evidentemente un tipo, pero solo en el más general de los sentidos, del tabernáculo y del templo. Porque aunque estos dos edificios fueron expresamente planeados por el divino Arquitecto (Éx. 25:40; 1 Co. 28:11, 12,

---

1. Flavio Josefo, *Antigüedades de los judíos,* III.6.2; 7.7. Esta obra y *Guerras de los judíos* están publicadas íntegramente por la editorial CLIE (Terrassa, España). Véase también la adaptación por Paul L. Maier, *Josefo: Las obras esenciales* (Grand Rapids: Editorial Portavoz, 1998).

19), con todo, la disposición de un recinto santo dentro de un santuario, y este a su vez dentro de un recinto exterior, era un rasgo característico de los famosos templos con que los hebreos se habían familiarizado en Egipto. Es cierto que estas estructuras, cuyos restos han sobrevivido hasta nuestros tiempos, fueron edificadas en fecha muy posterior a la del Éxodo, pero son sin duda sucesoras de edificios anteriores que se asemejarían a ellas en su plan fundamental.

De manera similar, los distintivos sacerdotales de los antiguos egipcios y sus instrumentos sacrificiales, que aparecen representados en sus monumentos, nos dan unos indicios parciales de las complejidades de algunos de los servicios y vestiduras sacerdotales de los judíos, especialmente de aquel curioso artículo conocido como el *efod* y sus misteriosos aditamentos (véase ilustración 34). De manera similar el arca sagrada, con las figuras de querubines sobre ella, está en cierto modo ilustrada en el barco hierático cuyo bosquejo aparece en las esculturas como llevado en procesión por los sacerdotes egipcios y luego depositado en la estancia interior prohibida de su templo (véase ilustración 26). La asiriología también nos proporciona algunos atisbos respecto a algunos detalles.

De la más inesperada procedencia nos ha venido un rayo de luz para determinar algunas de las cuestiones más espinosas acerca de los utensilios del tabernáculo, especialmente por lo que respecta al candelero de oro. En el Arco de Tito en Roma aparecen esbozos de los sucesores de esos objetos, de los que se apoderaron los romanos en la caída de Jerusalén, y son las representaciones de más valor, al ser sin duda auténticas, talladas por coetáneos (véase ilustración 1). Son probablemente representaciones de objetos más elaborados, como era el caso de todos los utensilios en el Templo de Herodes, que los del edificio salomónico, y aun más, indudablemente, de lo que correspondía al estilo más austero del primer tabernáculo; pero tienen una gran utilidad allí donde faltan detalles o hay incertidumbre. Estos especímenes fueron copiados por el infatigable A. Reland en el siglo dieciocho, cuando estaban quizá menos desgastados que en la actualidad; y sus bocetos fueron publicados en su erudita monografía acerca de este tema (*De Spoliis Templi*, etc., Utrecht, 1716). (Véase Ilustraciones 20, 22.) Esta breve obra de Reland, lo mismo que todas sus otras investigaciones arqueológicas, es casi exhaustiva acerca del asunto tan especial de que trata, hasta allí donde llegaba la información en su época. La actual apariencia del Arco de Tito aparece con exactitud fotográfica en muchos volúmenes que circulan en la actualidad, y sus restos mismos están abiertos al examen de cualquier turista.

Los usos orientales, aunque han sido dilucidados principalmente por viajeros modernos, son de un carácter tan estable que pueden con justicia ser puestos al lado de las investigaciones arqueológicas, por lo que nos son muy útiles para hacernos un concepto exacto del tabernáculo y de sus utensilios.

Naturalmente, en una cuestión como esta, los escritos de nuestra propia época[2] poseen una autoridad subordinada, pero no se les puede ignorar sin peligro. Al contrario, el sabio y sincero acogerá bien y valorará cuidadosamente cualquier nueva sugerencia procedente de otras mentes, dedicado seriamente como está a buscar la solución de los muchos problemas que innegablemente persisten acerca de estos difíciles pormenores. Podrá no aceptar todas las conclusiones de los demás; más aún, le será imposible aceptarlas todas, porque a menudo entran en conflicto entre sí, y no es infrecuente que contradigan a las claras inferencias del lenguaje del antiguo testimonio, o de las exigencias demostrables del tema.

Entre las obras acerca de la historia antigua pertinentes de manera especial al tema que nos ocupa, mencionamos como quizá la más importante la de K. W. F. Bähr, *Symbolik des Mosaischen Cultus* [Simbolismo del culto mosaico] (2 tomos., pp. 1837-39), que, de manera muy erudita y juiciosa, trata acerca de la mayor parte de las cuestiones arquitectónicas así como simbólicas relacionadas con el tabernáculo judaico (I. 56), y que ha sido la principal obra de referencia para exploradores más recientes en esta misma línea. De tratados posteriores que tratan de manera expresa acerca del tabernáculo judío como un todo, deseo citar los siguientes títulos: *The Holy Vessels and Furniture of the Tabernacle* [Los vasos sagrados y mobiliario del tabernáculo], y *The Tabernacle, the Priesthood and the Offerings* [El tabernáculo, el sacerdocio y las ofrendas], por Henry W. Soltau.[3] Son unos volúmenes espléndidos, y de carácter plenamente divulgativo.

---

2. Hasta 1888, fecha de la primera publicación de esta obra.
3. Publicado por Kregel Publications, Grand Rapids, Michigan. El autor mencionaba también diversas otras obras acerca del tabernáculo, pero al no estar disponibles y al estar principalmente en otros idiomas, no las hemos incluido en esta edición.

CAPÍTULO 1

LA HISTORIA DEL TABERNÁCULO

APARECE EN ÉXODO 33:7 QUE LA DESIGNACIÓN "tabernáculo de reunión"[1] fue originalmente aplicada a una tienda ordinaria, probablemente la que ocupaba Moisés mismo oficialmente, y que fue al principio separada por la señal de la presencia divina ante su entrada como lugar establecido de comunicación entre Jehová y el pueblo (véase ilustración 14). Esto fue antes de la construcción de lo que posteriormente llegó a conocerse como el tabernáculo, que naturalmente desplazó esta disposición temporal.

Poco después de la llegada de los israelitas al centro de los montes del Sinaí, Moisés recibió instrucciones de parte de Jehová de que le preparase un edificio especial para su culto, según un modelo que le había mostrado durante su estancia de cuarenta días en la cumbre del monte. Por ello, se dieron inmediatamente las órdenes para que se presentasen contribuciones con este

---

1. La frase hebrea que aquí se emplea es *óhel möéd* (lit., "tienda de reunión"), que, no obstante, se emplea con frecuencia como sinónimo de *mishkán ha-edúth* (lit., "habitación de la asamblea") para designar el edificio mismo. Hablando en sentido estricto, los términos "tienda" (*óhel*) y "tabernáculo" (*mishkán*) aparecen cuidadosamente distinguidos (como veremos en su momento), y denotan, respectivamente, el techo de lienzo y las paredes de madera de la estructura compuesta; nunca se emplean para ambas cosas, excepto que la una implica la otra; y desde luego nunca la una por la otra. La expresión "tienda de reunión" (frecuentemente mal traducida "tabernáculo" en la versión de Reina-Valera), es especialmente apropiada por el hecho de que se convocaba a los representantes de la congregación de Israel a reunirse para recibir los mandamientos divinos en la "abertura" (heb. *péthaj*, RVR: "puerta") de la *tienda*; porque no había *mishkán* o parte enmaderada delante del edificio.

13

objeto, el pueblo ofreció con generosidad los materiales necesarios, y se seleccionó a un artesano principal, "Bezaleel, hijo de Uri, hijo de Hur, de la tribu de Judá", junto con "Aholiab hijo de Ahisamac, de la tribu de Dan" como su asistente (Éx. 31:2, 6), para que emprendiesen la tarea de manera inmediata. Después de unos ocho meses de trabajo quedó acabado el tabernáculo con todos sus utensilios, y fue levantado en el primer día del primer mes (Nisán) del segundo año después de la salida de Egipto (Éx. 40:17). La columna de nube de la divina *Shekiná* indicó sin duda el lugar preciso de su emplazamiento al reposar sobre el objeto central de todo el culto, el arca sagrada bajo el propiciatorio. Durante los viajes y los altos en el desierto, así como todo el tiempo de las campañas en Moab, el tabernáculo marcó los cuarteles de la hueste israelita, y a su llegada a Canaán acompañó a Josué en la mayor parte de sus expediciones contra sus enemigos. En todas estas migraciones era desmontado pieza por pieza, y transportado en vehículos construidos con este expreso propósito, tirados por bueyes, al cuidado de sacerdotes asistidos por los levitas, y era vuelto a levantar en cada lugar de parada. La posición de las tribus de Israel a su alrededor estaba regulada por prescripción divina, tanto durante su marcha como en el campamento, y la señal para partir o detenerse era el movimiento o el paro de aquel mudo guía, la columna, de nube durante el día, y de fuego durante la noche. Como una pira en lenta combustión (Éx. 3:2), aparece blanca —como humo a la luz del día, pero roja— como llama por la noche. Ocasionalmente (Éx. 14:20) era oscura por un lado, y resplandeciente por el otro.

En el período posterior de la administración de Josué, erigieron el tabernáculo en Silo (Jos. 18:1), donde permaneció durante la agitada época de los Jueces, y hasta los tiempos de Elí,[2] cuando el arca sagrada salió del lugar (1 S. 4:4), y nunca volvió. Es posible que la parte de madera del edificio (aunque naturalmente las cortinas hubiesen sido reemplazadas con frecuencia) estuviese para este tiempo tan desgastada y deteriorada (aunque hecha de madera duradera y con un grueso recubrimiento de oro) que llegase a quedar inservible; por cierto, la tradición talmúdica habla de su sustitución por una estructura permanente de piedra, de las que se cree que quedan rastros todavía discernibles en el emplazamiento de Silo. Sea como sea, no existen más indicaciones claras de la existencia o emplazamiento de la construcción original, aunque hay evidencias de la transferencia del culto, bajo la administración de Samuel,

---

2. Por la narración de 1 Samuel 13, parece que el atrio original fue reemplazado o al menos ocupado por viviendas permanentes para los sacerdotes que ejercían su ministerio.

sucesivamente a Mizpa (1 S. 7:6) y a otros lugares (1 S. 9:12; 10:3; 20:6; Sal. 132:6). En tiempos de David, el pan de la proposición se guardó por un tiempo en Nob (1 S. 21:1-6), lo que implica la existencia allí de al menos uno de los artículos sagrados del tabernáculo; especialmente debido a que los sacerdotes vivían principalmente allí (22:11), y parece que alguna parte de su residencia fue utilizada, al menos hasta este punto, como santuario (21:7, 9). Incluso hacia las postrimerías del reino de David, el "lugar alto que estaba en Gabaón" poseía algunos restos del tabernáculo original, con su altar del holocausto (1 Cr. 16:39; 21:29; cp. 1 R. 3:4; 2 Cr. 1:3-6). Esta es la última mención absoluta del edificio como tal.

Mientras, David había levantado un establecimiento rival de este último en el Monte Sión en Jerusalén, adonde finalmente llevó el arca sagrada,[3] y congregó a su alrededor las ministraciones sacerdotales en un nuevo santuario especialmente construido para ella, pero que, como es sencillamente llamado una *tienda* (1 Cr. 15:1; 16:1; 2 S. 6:17), parece haber carecido de las paredes de madera del edificio anterior (2 S. 7:2; 1 Cr. 17:1; véase ilustración 14). Naturalmente, ésta fue a su vez reemplazada por el famoso templo que no mucho tiempo después levantó Salomón, en el que indudablemente se recogió todo lo que quedaba del mobiliario original del tabernáculo mosaico (2 Cr. 5:5). Pero el candelero, si todavía existía, fue reemplazado en este edificio por otros diez, probablemente de un estilo más fastuoso (1 R. 7:49), con al menos una repetición del altar del incienso y de la mesa del pan de la proposición (1 R. 7:48). La fuente, que probablemente se habría roto hacía mucho tiempo, fue también magníficamente reemplazada (1 R. 7:23, 27). Cuando el templo fue demolido por el general de Nabucodonosor, los artículos del mobiliario sagrado que habían sobrevivido a todos los anteriores cambios y perturbaciones compartieron, probablemente, la suerte de todos los demás artículos de valor, y fueron todos llevados a Babilonia (Jer. 52:18, 19), adonde ya los habían precedido algunos artículos de esta clase (2 Cr. 36:7). Allí permanecieron hasta la caída de aquella ciudad (Dn. 5:2, 3), cuando el conquistador, Ciro, los entregó

---

3. Este objeto central del culto judío, después de sus siete meses de sucesos entre los filisteos (1 S. 6:1) en tiempos de Elí, había quedado depositado en Quiriat-jearim (1 S. 7:1), donde permaneció veinte años (v. 2) hasta que Samuel se estableció en Mizpa (v. 6). Después de su traslado por David, primero de Quiriat-jearim (adonde había sido restituida por algún medio, al parecer pasando por Belén [cp. Sal. 132:6; 1 S. 9:14] a la casa de Obed-edom, y después a Jerusalén [2 S. 6; 1 Cr. 13–16], no tenemos registro alguno de que abandonase la Santa Ciudad, excepto por unas pocas horas al estallar la rebelión de Absalón (2 S. 15:24-29).

todos a "Sesbasar príncipe de Judá" (Esd. 1:7-11). Se encontraban entre los tesoros que poco después se permitió transportar a Jerusalén (Esd. 5:14, 15; 7:19), adonde llegaron sanos y salvos bajo la administración de Esdras (Esd. 8:33). En este tiempo, sin embargo, parece que formaban parte exclusivamente de los "vasos" más pequeños pero muy numerosos para usos sagrados, y no se hace ninguna mención, en ninguno de estos inventarios posteriores, del arca ni de los artículos más importantes del mobiliario. En la literatura hebrea mucho más tardía aparecen evidencias de una tradición en el sentido de que, cuando tuvo lugar la toma de Jerusalén, o quizá su despojo definitivo, el arca fue ocultada por Jeremías, para ser restaurada solo a su regreso cuando Israel acceda definitivamente al dominio; pero esto, sin duda, carece de fundamento. La preciosa protectora de la Santa Ciudad (1 S. 4:3) parece haber atraído la codicia de alguno de los merodeadores extranjeros o nacionales que en diversas ocasiones violaron la santidad del santuario (2 R. 12:18; 18:16; 2 Cr. 25:24; 28:24) hasta el período de la invasión babilónica (2 R. 24:13). Hay una mención directa de la mesa del pan de la proposición durante el reinado de Ezequías (2 Cr. 29:18), y en el de Josías se hace quizá una alusión a la copia autógrafa de la Ley originalmente depositada en el arca (2 Cr. 34:15). Después de esta fecha se desvanecen de la historia todos los rastros directos de cualquiera de los artículos sagrados construidos en el desierto. Las pocas informaciones extrabíblicas acerca del mobiliario del Templo de Herodes, algunas de las cuales pudieran haber pertenecido originalmente al tabernáculo, se considerarán al tratar acerca de su construcción original (véase cap. 3).

CAPÍTULO 2

LA ESTRUCTURA DEL TABERNÁCULO

En este capítulo, nuestro objeto es explicar tan sucintamente como sea posible las diversas partes del edificio sagrado y sus relaciones mutuas, principalmente en base del registro de las Escrituras, acompañando la explicación con diagramas apropiados, sin entrar en ninguna innecesaria controversia con los que difieran de nosotros en cuanto a la manera más apropiada de hacer la reconstrucción. Nuestro principal propósito en esta obra no es sencillamente justificar nuestro propio modelo, sino ayudar al lector en su concepción y comprensión del mismo. Si resulta coherente, será nuestra mejor vindicación.

La narración sagrada comienza con una *pre*scripción del objeto central de santidad, el arca, y va procediendo hacia afuera hacia los recintos menos santos; pero, como a nosotros nos toca una *de*scripción, seguiremos el orden inverso, en conformidad con los métodos modernos. El escritor inspirado desarrolla su materia desde un punto de vista interior, pero los mortales comunes solo pueden contemplarlo desde fuera.

EL ATRIO

El atrio era un espacio cerrado alrededor del tabernáculo propiamente dicho en medio de cada campamento, para uso exclusivo de los sacerdotes y levitas en sus ministraciones sagradas, y siempre se alineaba hacia el este. Naturalmente, el primer campamento donde se levantó fue inmediatamente enfrente del Monte Sinaí, donde las gratas llanuras de Er-Râhah se extienden hasta una anchura de una milla y media (alrededor de 2,5 km) y en una longitud de alrededor de tres millas (cerca de 5 km), aparte de su continuación, por valles laterales, hasta el pie mismo de los majestuosos montes circundantes que se levantan a unos 3.000 pies (alrededor de 915 m) por encima de dicha llanura. El pico central, directamente enfrente, se llama ahora Ras Sufsâfeh (*Copa de Sauce*, por un pequeño árbol de esta clase en una grieta en la cumbre), y es indudablemente el lugar mismo —claramente visible para todo el campamento en su base cuando el aire está despejado— donde se promulgó la ley en medio de los resplandores de los relámpagos; mientras que el pico detrás de este —algo más elevado, pero oculto desde este emplazamiento por su compañero delante— sigue siendo conocido como Jebel Mûsa (*Monte de Moisés*), indudablemente el monte donde el legislador hebreo tuvo su larga entrevista con Jehová.

Este atrio exterior, el único del tabernáculo, tenía 100 codos de longitud y 50 de anchura (Éx. 27:9, 12, 18), o, reducido a medidas inglesas,[1] un rectángulo de alrededor de 172 por 86 pies (alrededor de 52,5 x 26 m).

---

1. Podemos aquí exponer, de una vez por todas, que nuestra estimación de la longitud del codo hebreo, en este libro, es la misma que la finalmente adoptada por el famoso difunto egiptólogo, Sir John Gardner Wilkinson, de 20,625 pulgadas o 1,719 pies (0,524 m) (*Ancient Egyptians*, II.258). Esto concuerda de manera sustancial con los siguientes especímenes antiguos del codo que nos han llegado y que este autor ha examinado y medido personalmente.

Nilómetro en Elefantina (media)   20,627 pulgadas
Regla de cobre en el Museo de Turín   20,469 pulgadas
Regla de madera en el Museo de Turín 20,563 pulgadas
Regla de piedra en el Museo de Turín 20,623 pulgadas

Evidentemente, la regla de cobre de un codo de Turín se ha encogido al enfriarse del molde en el que fue fundida. La de madera puede haber sufrido algún desgaste. La de piedra es más bien irregular en los bordes de los extremos. Los codos marcados en la escalinata en Elefantina difieren considerablemente entre sí. Existen otras reglas de codo que varían, según las mediciones publicadas, entre 20,47 y 20,65 pulgadas. Todo lo que podemos determinar en la actualidad es una aproximación al patrón exacto.

Las mencionadas reglas de codo en Turín, junto con las otras preservadas en los diversos museos de Europa y en otros lugares, han sido cuidadosamente bosquejadas y analizadas por R. Lepsius (*Die alt-ägyptische Elle und ihre Eintheilung*, Berlín, 1865), que estima el antiguo codo egipcio en base de estos especímenes y de una comparación de las dimensiones de las pirámides (que se suponen en codos uniformes, tal como los dan los antiguos escritores, y proporcionales, tanto exteriores como interiores), como equivalente a un pie y 8-1/3 pulgadas inglesas (0,516 m), con un pequeño exceso respecto a la conclusión a que hemos llegado nosotros. (Sin embargo, el papel sobre el que están impresos se ha encogido al secarse desde la prensa litográfica, de modo que son un tercio de pulgada más cortas que la longitud real. Esto queda confirmado por el hecho de que él calcula el codo total, en base de esto mismo, como de 525 milímetros, esto es, 20,65 pulgadas.) No cabe duda alguna de

Las columnas

El área del atrio estaba cercada por una cortina o colgadura de longitud correspondiente, suspendida sobre columnas de cinco codos de altura (Éx. 27:18). Estos postes de cercado, como los llamaríamos nosotros, eran indudablemente de madera de acacia ("*shittim*"; sing. "*shittáh*"), como las otras porciones de madera del edificio, y probablemente redondos, como parece demandarlo su tipo natural (un árbol) y la economía de peso para un grado determinado de resistencia. Podemos suponer con un buen grado de certidumbre que su diámetro era de un cuarto de codo, o alrededor de 5 pulgadas (12,7 cm). Lo mismo que las otras columnas del edificio, parece que tenían las mismas dimensiones de arriba abajo. Su pie quedaba fijado en un zócalo o "basa"[2] de cobre (la Versión Autorizada inglesa traduce

---

que el codo hebreo era el mismo. La regla del codo egipcia estaba dividida en 28 *dígitos* iguales (anchuras de dedo), y los primeros 15 estaban graduados en fracciones (desde la mitad hasta la dieciseisava parte, respectivamente). Cuatro dígitos hacían un *palmo menor* (la anchura de la mano, excluyendo el pulgar); tres palmos menores hacían un *palmo*, o tres y medio hacían un *palmo mayor,* cuatro palmos menores equivalían a un *pie,* cinco palmos un *codo menor* (desde la muñeca), seis palmos un *codo medio* (esto es, de una persona de tamaño mediano, y que incluía la longitud solo de la palma), y siete palmos el *codo* "real", esto es, de un hombre de estatura alta, y que se medía desde la punta del dedo medio hasta el codo, esto es, la longitud de todo el brazo inferior. Así, cada una de las partes, así como el todo, se determinaban mediante un tipo natural (cp. Ap. 21:17). Estas subdivisiones se enumeraban generalmente de derecha a izquierda, y la mayoría de las superficies eran embellecidas con jeroglíficos emblemáticos y mitológicos. La forma favorita era la de una regla plana con un borde biselado, y con las marcas de los dígitos marcadas en la mayoría de las caras o en todas ellas, y las fracciones en el borde delgado. Ninguna de ellas está articulada para ser plegada. La distinción acabada de hacer entre el codo corto y el normal parece explicar la observación en Ezequiel 43:13: "el codo de a codo y palmo menor", esto es, el codo que se especifica es el codo pleno, y no el corto (lo mismo en Ez. 40:5).

2. La palabra hebrea (Éx. 27:10-18) es '*éden,* "una base", que se emplea también de los similares calzos (como veremos) de las paredes del tabernáculo, y en otros lugares solo de las bases de la tierra (Job 38:6) o del pedestal de una estatua (Cnt. 5:15). El peso de la superestructura, o una ligera excavación, asentaría ésta algo en el suelo, lo que impediría que se deslizase el pie de la estructura entera. La antigua idea (aparentemente corregida con la traducción "basa") de que se trataba de encajes huecos y puntiagudos, es totalmente impracticable, porque no se habrían podido clavar con precisión (para ajustar las espigas) en el suelo pedregoso y duro del desierto. Pronto habrían quedado desmenuzados; y tampoco habrían tenido utilidad, porque las mismas espigas habrían podido ser puntiagudas y clavadas de manera directa.

incorrectamente "brass" [latón],[3] porque el cinc, metal empleado en dicha aleación, era desconocido por los antiguos),[4] evidentemente puesta plana sobre el suelo, sin duda con un encaje u orificio en el centro (probablemente cuadrado, a fin de impedir que la columna girase), para recibir una espiga de cobre que se correspondía en el extremo de la columna. Eran sostenidas en pie con unas cuerdas (Éx. 35:18) atadas a unas espigas (27:19)[5] de cobre clavadas en el suelo, necesariamente tanto dentro como fuera. Las cortinas con sus fijaciones (especialmente las varas que se considerarán a continuación) mantendrían sus remates a una distancia apropiada, y las esquinas asegurarían toda la línea. Había un total de sesenta de estas columnas. Esto es, veinte a cada lado, y diez en cada extremo, con una cantidad igual de basas (vv. 10-12). Esto da un espacio de exactamente cinco codos entre las columnas (entre centros), en lo cual naturalmente las columnas de las esquinas se cuentan solo una vez (y presentan la mitad de su grosor más cerca de los vecinos), sea en el lado o en el extremo.

Esta disposición de las columnas, que es el método moderno de trabajo cuando se trata de postes de cerca, armoniza los números y las dimensiones de la narración sagrada, y cumple todos los requisitos del caso. La cuestión que se suscita acerca de la manera de contar es una mera disputa semántica, que ha llevado a algunos a computar más y a otros menos de sesenta postes, y a muchos a asignar espacios fraccionarios e incluso diferentes entre los

---

3. Reproduzco textualmente la observación del autor; se debe señalar sin embargo que su observación acerca de que el cinc era desconocido como argumento de que el metal mencionado es necesariamente cobre en lugar de "brass" (latón, aleación de cobre y cinc) no puede aplicarse a la traducción que da la RVR de "bronce"; en efecto, el *bronce* es una aleación de cobre y *estaño*, que sí era conocida y empleada por los antiguos egipcios ya en 1600 a.C., y quizá antes; en Europa ya era posiblemente empleado en época tan temprana como el 2000 a.C.; por ello, es posible que en ciertos pasajes se refiera a esta aleación. No obstante, hay pasajes donde sí que debe entenderse como el metal simple cobre, como vemos en Dt. 8:9, "de cuyos montes sacarás cobre"; Job 28:2: "de la piedra se funde el cobre" (N. del T.).

4. Los monumentos muestran que los antiguos egipcios estaban familiarizados con los procesos de la metalurgia, y se sabe por antiguos papiros, así como por las ruinas y las inscripciones en los alrededores, que las minas de Surabet el-Jadim, en el desierto del Sinaí, habían sido explotadas por ellos desde tiempos muy antiguos. Es probablemente a estas operaciones a las que se refiere el libro de Job (cap. 28), obra que se cree que editó el mismo Moisés, que indudablemente observó a los mineros durante su exilio en Madián. El cobre era fundido sin duda allí mismo de la malaquita que se extrae. Así, los israelitas no hubieran tenido dificultad en efectuar este trabajo de fundición en el Sinaí.

5. La palabra hebrea es *yéther*, usada en todas partes para designar una estaca de tienda. Probablemente era redonda y puntiaguda, con una cabeza o ranura para impedir que la cuerda se deslizase fuera.

mencionan en ninguna parte del texto (y que sin excepción se mencionan siempre que se usan). Su propósito era mantener los remates de los postes a una distancia determinada, colgándose de los ganchos, aparentemente por medio de ojetes en cada extremo (estos últimos están implicados en la declaración de sus correspondientes ganchos, lo mismo que los encajes en las basas se supone que concuerdan con las espigas de los postes y de las tablas). Los ganchos estaban dispuestos así: uno en el centro de la cara redondeada de cada columna, un poco por debajo del remate, y probablemente otro cerca de la parte inferior (véase ilustración 2). Las cuerdas de soporte a cada lado podían ser fijadas fácilmente alrededor de la parte superior de cada columna con un lazo corredizo en medio, que quedaría retenido por los ganchos, por lo que no podría deslizarse hacia abajo.

Las cortinas que así colgaban de las columnas eran lienzos de "lino torcido",[8] de un cuerpo y brillo extraordinarios, probablemente cosidas juntas en sus extremos para formar una cortina continua desde un extremo de la entrada y todo alrededor de las esquinas hasta el otro extremo de la entrada. Dicha cortina podría ser muy cómodamente colgada en la parte exterior de las columnas, y con sus cinco codos de anchura (Éx. 38:18)[9] colgaría sin tocar el suelo, si se extendía alisada mediante ojetes en los bordes superior e inferior para los ganchos. Por su parte, la cortina de la entrada, de veinte codos de longitud, en medio del extremo oriental, era de un material diferente: "de azul, púrpura y carmesí, y lino torcido, de obra de recamador" (v. 16), esto es, y siendo nosotros los primeros en interpretarlo así, la urdimbre (o hilos en sentido longitudinal) de hilo de lino blanqueado, y la trama (o relleno) de franjas alternadas

---

También vemos que no se aplica a la descripción que se da de la cortina más interior, llamada "el velo" para distinguirla. La etimología de las palabras no es objeción para situar los ganchos en sentido horizontal, lo mismo que las perillas.

8. Heb. *shesh moshzár*, lit., tejido "blanco torcido", esto es, material blanqueado de hilo de dos hebras, indudablemente de lino. *Shesh* parece denotar cualquier sustancia de gran blancura, y se aplica incluso al mármol (Est. 1:6; Cnt. 5:15). La palabra propia para lino es *bad*, que en distinción a *shesh* se aplicaría al material no blanqueado, en su color crudo natural. Ninguno de ambos términos denota la finura del hilo.

9. En base de este pasaje, parece que todas las cortinas alrededor del atrio tenían la misma altura. La singular expresión que se emplea allí, "y su anchura, o sea su altura", significa que la altura estaba gobernada por la anchura del tejido, que corría horizontalmente. En la disposición que hemos adoptado, todas las varas (o, como podríamos designarlas, *pasamanos*) para esta valla son de la misma longitud, por cuanto cubren toda la distancia hasta los postes de la esquina, y estos a su vez están dispuestos totalmente dentro de la línea. Solo hay necesidad de un solo gancho en estos postes (naturalmente, en el ángulo extremo) no clavado demasiado adentro del poste, esto es, proyectándose hacia fuera de su superficie.

(corriendo como bandas verticales) de lana teñida de azul-púrpura (violeta),[10] rojo-púrpura (múrice),[11] y carmesí (cochinilla),[12] con una superposición de recamado a mano.

Se debería observar que en ningún caso se menciona de manera explícita el material del que estaba compuesto el tejido. (Cp. la enumeración de los mismos materiales por primera vez en 25:4.) Es evidente que fue primero tejido en un telar, y después trabajado con aguja. Aparte de esto, solo se designan los diferentes colores. El "blanqueado" era la base, es decir, la urdimbre, al ser más fuerte, y con este propósito, "torcido" de dos cabos. Que fuese lino se debe inferir del hecho de que era teñido. Por otra parte solo la lana admite colores ricos, especialmente en el caso de tintes animales (los dos púrpuras proceden de moluscos, y el rojo brillante de un insecto). Las bandas cruzadas de estos tres matices de rojo (tal como podemos considerarlos), quedarían suavizadas por la combinación con la base blanca. Sobre estos se llevó a cabo el recamado, por cuanto el contraste sería así muy vistoso. El color del recamado sería, suponemos, amarillo, de hilo de seda (porque aquí no se menciona el oro), aparentemente solo en el lado exterior. Las figuras no parecen haber sido de querubines, porque estos se mencionan solo en relación con el tapiz más interior, donde serían más apropiados. El segundo mandamiento (aunque no estaba todavía promulgado) nos prohíbe suponer ningún objeto real, y debemos por ello conjeturar que la labor de aguja debía consistir en diseños puramente fantasiosos, como los que abundan en la tapicería, techos y alfombras de Oriente; quizá lo que se conoce como "mosaico". El orden de los colores, que aparece de manera sistemática, nos lleva a concebir que la franja violeta era la primera, la púrpura estaba en medio y el carmesí al final, con el blanco debajo y el amarillo por encima del conjunto. Así, quedan representados los tres colores primarios (azul, rojo y amarillo), pero no en su orden prismático. El simbolismo es de una naturaleza menos científica, como veremos oportunamente. El arco

---

10. Heb. *tekéleth,* la *Helix ianthina,* una concha redonda, muy delgada, plana y arrollada, que se encuentra en el Mediterráneo, el alojamiento de un animal incoloro, gelatinoso, que cuando se aplasta o pincha suelta un hermoso líquido violeta.

11. Heb. *argamán,* el *Murex brandaris,* una gran concha espiral, que se encuentra en el Mediterráneo; el animal que habita en ella contiene un fluido cremoso, que se convierte en un púrpura brillante cuando se expone al aire.

12. Heb. *shaní,* a menudo con la adición de *toláath,* un *gusano* o larva; el *Coccus ilicis,* parásito de la encina de Tiro, cuya hembra áptera proporciona el quermes comercial, y da un rico color rojo, que se parece mucho al del *Coccus cacti* o verdadera cochinilla (procedente de México), pero algo menos brillante aunque más permanente.

iris tiene su propio simbolismo (Gn. 9:12-16), pero es enteramente cósmico. Josefo sugiere[13] que *el lino era la urdimbre*, pero no nos dice nada de la trama ni del orden de los colores; parece que creía que solo se usaban en el recamado: "[El manto del sumo sacerdote] está bordado con flores de escarlata, púrpura y azul (invirtiendo los colores] y lino fino torcido; pero la urdimbre no era otra cosa que lino fino".

Por su forma de sujeción está claro que ninguna de estas cortinas (ni siquiera la de la entrada, de la que se afirma explícitamente que estaba hecha de una sola pieza) estaba pensada para partirse o deslizarse para abrir paso; por ello, la entrada solo podía conseguirse levantándolas desde abajo y pasando por debajo de ellas (por cuanto tenían una altura de 5 codos, o más de 8-1/2 pies, o 2,6 m), y esto además no sería posible hacerlo con facilidad (debido a la tensión de las largas líneas) excepto en la entrada, donde la solución de continuidad de la cortina y el hecho de que era relativamente corta permitía que fuese levantada con más facilidad, especialmente en las esquinas (inferiores).

Dentro de esta área, limitada pero suficientemente espaciosa, además del objeto principal, el tabernáculo propiamente dicho, había solo otros dos objetos que pertenecían a la misma, el "altar de bronce" y "la fuente".

El altar del holocausto

El primero de estos objetos, generalmente designado como el Gran Altar (en la literatura posterior), o más apropiadamente el altar del holocausto, para distinguirlo del más pequeño altar del incienso, era robusto y ligero para comodidad en su transporte, con lo que relegó todas las anteriores estructuras de esta clase, pero sin excluir altares más grandes de tierra o de piedra, como en tiempos posteriores (Éx. 20:24, 25). El que estamos considerando era una caja hueca[14] de acacia (madera de *shittim*, RV: "Sittim"), de cinco codos de

---

13. Josefo, *Antigüedades de los judíos*, III.vii.2.
14. "Hueco, de tablas" (27:8; 38:7), heb. *nebúb lujóth* (lit. "un hueco [*horadado* totalmente, como una columna tubular, Jer. 52:21] de tablas [una palabra diferente de la empleada para los maderos de las paredes del tabernáculo]"). Su grosor era indudablemente una fracción concreta de un codo, como veremos que lo son todas las dimensiones del conjunto (porque, como Paine observa con acierto: "un carpintero siempre trabaja con su regla de medir"; en este caso sería probablemente un octavo, o alrededor de 2,5 pulgadas (6,35 cm); no excesivo para una caja tan grande y expuesta a un servicio tan riguroso.

lado y tres codos de altura (Éx. 27:1, 8), recubierta en toda su superficie con láminas de cobre (v. 2). Tenía un "cuerno" (esto es, una proyección vertical en punta) en cada esquina, formada aparentemente por una extensión triangular de los lados en su unión (v. 2). Era un aditamento ornamental y significativo más que algo estrictamente necesario. Un complemento necesario era el enrejado,[15] que consistía de una parrilla[16] de cobre que se podía desplazar mediante un anillo de cobre en cada esquina (v. 4), y que se ponía en el interior por debajo de la parte superior del altar, a media altura (v. 5). Así, parece que el altar no tenía ninguna cubierta, y probablemente no tenía fondo, sino solo el enrejado, evidentemente para el fuego, colocado en la mitad. Este enrejado era mantenido en su posición deslizándolo por unas ranuras en los lados opuestos del altar, y los anillos se proyectaban hacia afuera.[17] A través de estos anillos se introducían las varas laterales recubiertas de cobre que se usaban para transportar el conjunto durante la marcha como unas parihuelas (vv. 6, 7; cp. 38:5-7), mientras que el enrejado quedaba fijado por los anillos y las varas. Así, toda la superficie del altar estaba recubierta de lámina de cobre por dentro y por fuera, incluyendo los cuernos, de modo que el calor no podía afectarlo; y los sacerdotes a su alrededor podían cuidar de manera cómoda del fuego del sacrificio, tirando del enrejado lo suficiente para sacar las cenizas que caían a través del mismo. La llama quedaría concentrada, limitada dentro de la sección superior de la caja del altar, y por los espacios alrededor del enrejado entraría suficiente aire para mantener el tiro, especialmente por las aberturas que daban paso a los anillos, o por orificios adicionales que se hiciesen con este propósito, si se consideraron necesarios.

Como el altar se encontraba en el atrio abierto, y el combustible estaba por

---

15. Heb. *mikbár*, lit., "trenzado", término empleado solo de esta pieza; pero se emplea una vez un término relacionado, *makbér*, para designar un *paño* basto (2 R. 8:15).
16. Heb. *résheth*, término que se aplica constantemente a una red para atrapar animales.
17. Esta es la disposición que propone Paine en la última edición de su obra, y evita totalmente las graves objeciones contra todas las anteriores interpretaciones y conjeturas. La palabra hebrea traducida "cerco" es *karkób*, un término oscuro, y se usa solo de este objeto particular, y designa el *margen* superior del altar (que, como veremos, era totalmente diferente del correspondiente al altar del incienso). La palabra traducida "mitad" es lit. *medio*, como se traduce frecuentemente en otros pasajes. Por cuanto los anillos eran *fundidos* (como los de los demás objetos que estaban igualmente dotados, porque esto se especifica de manera explícita de todos excepto del altar del incienso [y de las tablas de las paredes], y "harás" es aquí equivalente a "fundirás", como parece por una comparación con los otros casos), y por ello eran macizos, deben haberse fijado al enrejado por medio de unas grapas *sobre* su cara (como invariablemente aparece en hebreo, en este caso, como también en los demás).

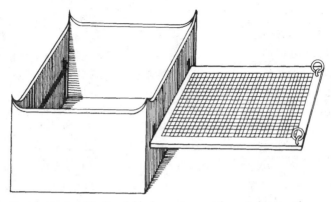

Ilustración 3.— El altar del holocausto, con el enrejado extraído

encima del centro del ancho cajón-altar, entraría una abundante cantidad de aire por los lados para la combustión normal; y durante la mayor parte del día, y durante toda la noche, el fuego se tenía que mantener en brasas, pero sin llama. En ocasiones extraordinarias se podría aumentar el tiro excavando aberturas por debajo de los lados, y estas aberturas se podrían cerrar cómodamente con una piedra cuando se considerase conveniente. Se podría levantar un montón de tierra a cada lado para poder acceder a la parte superior cuando fuese necesario. No había motivo para instalar escalones o un plano inclinado para llegar allí.

Sin duda alguna, este altar se instalaba directamente sobre el suelo, y por ello podía llamarse, sin faltar a la propiedad, un "altar de tierra" (Éx. 20:24). Los objetos recubiertos de oro del mobiliario interior eran probablemente puestos sobre cubiertas de pieles extendidas sobre el suelo. Estas pieles serían indudablemente las mismas, o al menos de carácter análogo, a las que (como veremos en su momento) se empleaban para cubrir el mobiliario sagrado durante la marcha.

Los utensilios que se nombran (v. 3) en relación con el altar, todos ellos de cobre, son "calderos para recoger la ceniza (grasienta)"[18] de los sacrificios, paletas para levantarlas, tazones o cuencos para recoger la sangre de las víctimas, con la que se untaban los cuernos de altar, garfios para manejar los sacrificios que se asaban, y para manejar el fuego, y braseros para llevar ascuas para el incienso, o para otros propósitos.

Por el hecho (Nm. 16:38, 39) de que en cierta ocasión se emplearon

---

18. Heb. *dashshén*, un término especial que designa estas cenizas grasientas.

recipientes similares a los antedichos (aparentemente no mucho tiempo después de partir del Sinaí) como láminas adicionales para el altar del holocausto (probablemente en los bordes del altar, donde el desgaste se haría notar primero), parece que estas sencillas láminas cuadradas de cobre se doblaban en las esquinas (en sesgos como en las modernas cazuelas de plancha de hierro), y se las proveía de un asidero sencillo (indudablemente del mismo material, remachado de manera simple).

El Gran Altar se levantaba probablemente en el centro del espacio abierto del atrio, a media distancia entre la entrada y el tabernáculo mismo,[19] donde sería de fácil acceso para todos los adoradores, y dejaría suficiente espacio para los sacrificios. Sobre el mismo se mantenía un fuego perpetuo de madera seleccionada, excepto, naturalmente, durante las marchas.

Los árabes que guían a los viajeros por el desierto del Sinaí siempre mantienen un fuego encendido durante la noche con madera de deriva o breñal que las lluvias de invierno arrastran desde las laderas de los montes. Ello se hace en parte para acompañarse, y en parte por la sensación de protección contra sorpresas. Los monjes guías locales que escoltan a los turistas por la cumbre del Sinaí tienen el hábito de aplicar una cerilla a cualquier matojo seco que encuentran por el camino; esto parece como una reminiscencia de la zarza ardiente que vio Moisés. Pero respetan los arbustos de salvia esparcidos por los llanos y las laderas, aunque sean bien secos, pero todavía reteniendo su color verde hasta mediados de marzo.

La fuente

A medio camino de este último espacio (Éx. 30:18), y todavía en la línea central, se levantaba la otra pieza destacada del servicio, la fuente, que estaba a disposición inmediata de los sacerdotes para lavarse[20] antes de entrar en el santuario o de acercarse al altar (vv. 19-21). Se componía de dos partes, la fuente propiamente dicha,[21] y su pie[22] o peana. No se dan ni su forma ni su tamaño.

---

19. Éxodo 40:29 no es determinante acerca del lugar exacto.
20. Heb, *rajáts*, término que se emplea bien para todo el cuerpo, bien para cualquier parte del mismo.
21. Heb. *kiyór*, un *plato* para cocer, denotando generalmente una olla, cuenco o cazuela.
22. Heb. *ken*, lit. un "sostén" o soporte, evidentemente una expansión de la columna, probablemente con un borde dirigido hacia arriba para recoger el goteo de una espita en el depósito superior; porque los orientales se lavan las manos derramando agua desde un aguamanil, no sumergiéndolas en un cuenco, que contaminaría todo.

Sin embargo, algo se puede deducir de la etimología del término hebreo y de su uso en otros pasajes. Se deriva de una raíz que significa primariamente *excavar martilleando*, y esto resultaría de natural en un hueco semiesférico, forma que queda confirmada por su utilidad como pila de lavado, como un cuenco o jofaina, y por la forma similar del mar de fundición y de las fuentes menores que lo sustituyeron en el templo (1 R. 7:30, 38, 40, 43; 2 R. 16:17; 2 Cr. 4:6, 14) y que son designadas con esta misma palabra. Se aplica en otros pasajes a un *brasero* (Zac. 12:6), y a un estrado (2 Cr. 6:13), que, aunque probablemente estaba cubierto (a diferencia de los otros utensilios, que no parecen haberlo estado), ofrecía indudablemente el mismo aspecto semejante al de una urna, y no podría haber estado elevado, por cuanto no se mencionan gradas en relación con el mismo. En 1 Samuel 2:14 aparece en primer lugar entre cuatro clases de receptáculos para cocer carne, y que parecen estar designados por orden de tamaño, pero que seguramente no variarían mucho en cuanto a forma; estos artículos son el *kiyór* (probablemente un *caldero*, "perol" aquí); *dud* (una *olla* grande [lit., *hervidor*], Job 41:20; Sal. 81:6; "olla" aquí; "calderos" en 2 Cr. 35:13; también "canastas", 2 Reyes 10:7; "cesta", Jer. 24:2); *kallájath* (de una palabra que parece indicar *derramamiento;* una *olla*, "caldero" aquí y "olla" en Mi. 3:3); y *parúr* (de una raíz que denota *ahuecar fracturando*, una *cazuela* profunda, "caldera" en Nm. 11:8; "marmita" aquí, "olla" en Jue. 6:19).

Ambas piezas (la fuente y el pie) eran evidentemente redondas, de modo que este objeto era sencillamente un cuenco con una base, unidas ambas piezas por un cuello que se estrechaba, como una copa plana. Se puede deducir por su uso que era poco hondo y que se levantaba a poca altura del suelo, puesto que se empleaba para lavar los pies y las manos; se puede también deducir que era relativamente pequeño porque no estaba hecho para bañar enteramente el cuerpo de la persona (vv. 19, 21). Probablemente tendría dos codos de diámetro y un codo y medio de altura. Como todos los utensilios del atrio, estaba hecho de cobre, pero en este caso parece que estaba algo aleado, porque fue hecho fundiendo los espejos metálicos que donaron las mujeres de la congregación (38:8), y eran de la clase que se sabe que usaban las damas egipcias.[23]

---

23. Wilkinson (*Ancient Egypt*, 2, 345-347). Estos *specula* eran de diversos metales, generalmente aleados, pero no siempre ni propiamente hablando de bronce.

EL SANTUARIO

El santuario, o edificio sagrado propiamente dicho, estaba situado en el borde frontal de la mitad trasera de todo el recinto, probablemente dejando espacios iguales a cada lado y detrás entre sus paredes y las del atrio. Constaba de dos secciones, llamadas respectivamente el Lugar Santo y el Lugar Santísimo, ocupando el primero la estancia anterior, y la segunda, de la mitad de tamaño en profundidad, detrás de la primera (como se verá en su momento). Por cuanto estas dos tenían la misma anchura y construcción general, podemos primero considerarlas juntas desde el punto de vista arquitectónico, y después trataremos sus rasgos específicos por separado.

Las paredes

Las paredes (que en sí componían el *mishkán* o "tabernáculo") eran, como los demás componentes del edificio (si es que podemos designar con esta palabra a este templo portátil), de una naturaleza que podían desmontarse con facilidad y se podían volver a levantar allí donde la señal divina lo ordenaba (véase ilustración 4).

Esencialmente, se componían de unos maderos o "tablas"[24] de acacia, o "madera de Sittim" (RV)[25] ya mencionada antes, y cada una de estas tablas tenía diez codos de longitud y 1-1/2 codos de anchura (Éx. 26:16). Toda su superficie estaba recubierta con láminas de oro. Cada pared lateral estaba formada por veinte de dichas tablas (vv. 18, 20), en posición vertical (v. 15) por medios que se describen a continuación; cada tabla tenía dos espigas[26] en

---

24. Heb. sing. *kéresh,* como *cortadas;* este término se usa solo de estos maderos y del puente de un barco ("bancos", Ez. 27:6). De hecho, eran casi troncos, como maderos de un suelo. Las "tablas" de 27:8 son una palabra diferente en el original, la que se traduce comúnmente como "tabla" cuando significa meramente una placa o plancha.

25. En árabe *Seyal,* común en el desierto del Sinaí, un árbol espinoso de tamaño regular, con una madera firme y duradera, que se parece mucho a nuestro algarrobo. Su corteza es lisa, y la de las ramas es amarilla, como la del ailanto (véase ilustración 39).

26. Heb. sing. *yad,* una "mano", tal como se traduce en otros pasajes. La analogía de los otros postes de las cortinas nos lleva a concluir que eran de metal macizo (y por ello pequeñas) como el de las basas, en este caso de plata. Estas espigas se dice que son "para unirlas una con otra", heb. *meshulláb,* un término que no vuelve a aparecer en hebreo (excepto en *shaláb,* una "moldura", 1 R. 7:28, 29), pero en las lenguas cognadas se aplica a los *travesaños* de una escalera de mano, y parece que significa que se suceden "*con regularidad*", esto es, a intervalos iguales (porque ésta es la característica más esencial de las escaleras de mano).

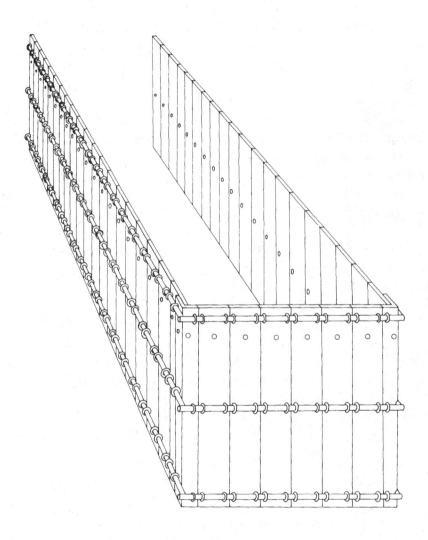

Ilustración 4.— Las paredes de madera del tabernáculo

la base para fijarla de manera segura al suelo como en un umbral. Las tablas de
la parte posterior eran ocho en total (v. 25), de las que seis eran como las
anteriores (v. 22), y dos de una construcción adaptada a las esquinas (v. 23).
Para la construcción de cada una de estas dos, se dividió longitudinalmente en
dos una tabla exactamente igual a las demás, una de estas partes de dos tercios
de codo de anchura, y la otra los restantes cinco sextos de codo de anchura;
estas piezas se unieron entonces en ángulo recto por sus bordes, para conformar
una "tabla de esquina", que externamente medía 5/6 de codo a cada lado (de
esta anchura en un lado ya, y el otro lado de 2/3 más 1/6, con la inclusión del
grosor de la tabla asociada), e internamente de 2/3 de codo por cada lado (siendo
un lado ya de esta anchura por sí misma, y el otro de 5/6 menos 1/6, excluyendo
el grosor de la tabla unida).

Esta unión de las tablas de la esquina la sugiere Keil y la adopta Brown, pero
para ellos no es muy provechosa, en consecuencia del excesivo grosor que ellos
asignan a las tablas mismas, aunque Brown, por su parte, hace que la esquina
sobresalga sobre el costado. Tanto se han acercado algunas reconstrucciones a
la solución correcta de esta parte del problema, sin llegar a conseguirla de
manera plena.

Estas tablas de la esquina, aplicadas de forma nivelada a las otras tablas
posteriores, pero extendiéndose alrededor de la esquina sobre el borde trasero
y formando parte de la anchura de la última tabla lateral, cumplen
completamente las condiciones del caso, y dan una solución satisfactoria a
varios otros problemas que de otro modo son irresolubles.

1) Por medio del cálculo anterior, se demuestra que el grosor de las tablas
mismas era de un sexto de codo, lo que concuerda con la aseveración que hace
Josefo (aparentemente siguiendo una tradición, o por alguna conjetura) de
"cuatro dedos de anchura".[27]

Estas espigas las hemos distribuido, excepto las correspondientes a las tablas de las esquinas,
que también son dos, pero que necesariamente tienen una posición algo diferente. En el
pasaje paralelo (Éx. 36:22) se traduce "equidistantes" en la Versión Autorizada inglesa
("equally distant"), y esto queda confirmado por una coincidencia que difícilmente puede
ser accidental. Si estas espigas (y las entalladuras correspondientes) eran equidistantes,
estarían a una distancia de 3/4 codo entre sí (entre centros), o alrededor de 15-1/2 pulgadas
(39,4 cm), que es por cierto el espacio más cómodo y acostumbrado entre los travesaños
de una escalera de mano. Esta correspondencia con el tipo natural se ilustra en el diagrama
que acompañamos (véase ilustración 5). Es probable que las espigas fuesen cuadradas,
para impedir que las bases girasen fuera de la línea, y que fuesen de plata, como las basas.

27. Josefo, *Antigüedades de los judíos*, III.vi.3.

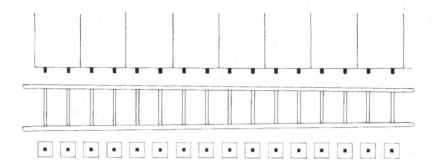

Ilustración 5.— Comparación de las espigas y de las entalladuras de las tablas de la pared con los travesaños de una escalera de mano

2) Se aseguran las dimensiones necesarias (interiores) de las dos estancias (el Lugar Santo y el Santísimo). El carácter proporcional decimal de todas las dimensiones en el atrio y sus estructuras, y especialmente del santuario mismo, y desde luego la correspondencia de estas partes en el posterior templo (que las doblaban, 1 R. 6:2), señalan con claridad a la conclusión de que la anchura (interior) del edificio era un tercio de su longitud. Así, el Lugar Santísimo era exactamente un cuadrado, y la longitud del Lugar Santo era el doble de su

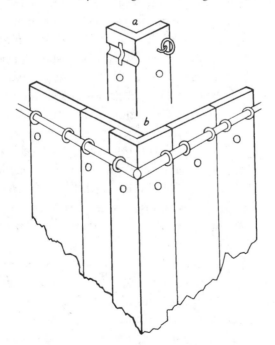

Ilustración 6.— Tabla angular del tabernáculo (esquina NW) *a*. Separada. *b*. Combinada

anchura. Las seis tablas enteras de la parte posterior del Lugar Santísimo (6 x 1-1/2 = 9), añadidas a aquella parte de la tabla partida en cada esquina que no se toma para cubrir el borde de la última tabla lateral (2 x [2/3 - 1/6 = 1/2] = 1), dan como resultado exactamente los diez codos precisos.

Es digno de mención que las dimensiones del tabernáculo mismo no se dan de forma explícita en ningún pasaje, sino que se dejan a la inferencia de una combinación de detalles. Es nuestra opinión que habría incertidumbres acerca de si el que se indica es el tamaño interior o el exterior. Por ello, se dan medidas concretas por lo que respecta al atrio, al arca, a la mesa y a los dos altares, porque no debía haber dudas de ninguna especie acerca de ellos. Esto demuestra el cuidado minucioso de la descripción sagrada. Además, de esta manera la unión de la esquina queda cuidadosamente cerrada, mientras que en otro caso se mostraría sobre el lado, en lugar del extremo del rectángulo, como es lo normal con las uniones; y todo el ángulo queda sumamente reforzado además de ornamentado por la superposición sobre el lado más largo.

3) Esto aclara la oscura fraseología empleada (v. 24) acerca de estas tablas de la esquina, "las cuales se unirán desde abajo, y asimismo se juntarán por su alto con un gozne [lit., y juntas se harán enteras sobre la cabeza del compuesto de tablas hacia en un (o primer) anillo]". Llanamente, esto significa que las dos medias tablas debían quedar unidas entre sí de abajo arriba, y que asimismo quedaban fijadas por el mismo anillo del extremo (es decir, el de la tabla lateral posterior). Examinando el diagrama adjunto (Ilustración 7), se verá cuán exactamente cierta era esta última característica;

Ilustración 7.— Basa del tabernáculo *a*. Vista superior *b*. Vista lateral

porque la primera barra de las tablas laterales en la esquina debe haber pasado totalmente a través de la superposición de la tabla posterior, y el anillo (cuando se pasaba la barra a su través) mantendría la esquina firmemente unida. Esto es algo muy importante (especialmente en la parte superior) en una estructura carente de armazón.

Se observará que, en la disposición que hemos adoptado, las tablas quedan sujetadas lateralmente (de modo que no queden separadas por la tensión de las fijaciones de los extremos) por el lienzo del techo, que se cierra abotonando con las perillas a lo largo de los tres lados (así como a lo largo del frente). En las esquinas posteriores, que quedan sujetadas por el arreglo de las tablas angulares, esta seguridad es innecesaria, y por tanto (teniendo en cuenta el corte u ojal en el orillo del lienzo en este punto, como veremos oportunamente) no se aplica allí.

A fin de recibir las espigas en los extremos de las tablas, se ponían basas de plata maciza en el suelo (correspondiéndose con las de cobre para el atrio), dos para cada tabla (Éx. 26:19). Como cada basa pesaba un talento (38:27), T. O. Paine ha calculado con mucho ingenio el tamaño de las mismas como de medio codo de lado, y un sexto de codo de grosor.

Nosotros llegamos al mismo resultado con un cálculo diferente. Cada basa, si es sólida, contendrá 1/24 codo cúbico (1/2 x 1/2 x 1/6), o 365,6 pulgadas cúbicas ($1/24 \times [20,65 = 20 \times 5/8]^3$) (equivalente a 5.991 centímetros cúbicos). Pero de esto se tiene que deducir la entalladura para recibir la espiga ($[1/16 \times 1/16 \times 1/6] \times [20\text{-}5/8]^3$), ó 5,6 pulgadas cúbicas (equivalente a 91 centímetros cúbicos), lo que deja exactamente 360 pulgadas cúbicas de plata para la basa (5.900 centímetros cúbicos). Ahora bien, como una pulgada cúbica de plata pesa 2.652,8 granos [un grano equivale a 0,0648 gramos] (a 62°F [17°C]), la basa pesaría 955.008 granos (64.476 gramos). Luego, como tenemos 3.000 siclos en un talento, y un siclo pesaba alrededor de 280 granos (patrón original), el talento o basa pesaría alrededor de 840.000 granos; esto concuerda de manera suficiente con el primer producto, especialmente teniendo en cuenta que probablemente debió alearse (con 0,138 partes de cobre) para endurecer el metal. Ahora observamos que la estimación de 280 granos de siclo se corresponde exactamente con el patrón asirio.[28] Esta cuestión ha sido objeto de mucha confusión por parte de escritores que no han observado que el siclo fue finalmente una *moneda* además de un peso, y que su valor, por tanto, variaba mucho con los diferentes metales (oro, plata y cobre) que se usaban como dinero, así como a lo largo de los diferentes períodos. Los antiguos especímenes que existen han quedado a menudo desgastados por la circulación. Los siclos judíos más antiguos que existen pertenecen a la época de los macabeos, y fueron acuñados en base del patrón fenicio inferior de 220 granos para el siclo de plata, equivalente al *tetradracma* griego, que era también originalmente muy superior, y que fue rebajado en el período de los Ptolomeos a 260 granos.

La antigua metrología autóctona egipcia estaba relacionada con la hebrea para las medidas, pero no en lo tocante a los pesos. Los siclos de plata de la época de los macabeos en el Museo Británico en Londres, según hemos

---

28. Madden, F. W., *Jewish Coinage*, p. 264, nota.

averiguado personalmente, pesaban respectivamente 220, 216,5, 215, 213,2 y 213 granos, según el grado de desgaste. Hay también un medio siclo del mismo metal y de la misma época, y que pesa solo 99,1 granos, habiendo padecido mucho desgaste. Los siclos de cobre generalmente exceden mucho en peso a estos especímenes. La mayoría de los siclos de plata que se venden a los turistas en Palestina, por no decir que todos, son imitaciones, y los siclos auténticos de cobre son sumamente escasos. Un doble estatero de cobre (realmente de bronce), por llamarlo así, o tetradracma (adoptado como un equivalente de cuatro siclos en cuanto a peso) de la época de los Ptolomeos (el anverso exhibe solo la acostumbrada convención ptolemaica de la cabeza de Alejandro Magno como Júpiter Amón, y el reverso el título de "de Ptolomeo rey", con un águila con rayos en sus garras, y la marca indeterminada de acuñación *delta* entre sus patas), que este autor obtuvo de los habitantes de Gaza (donde es posible que hubiera sido acuñada), pesa 1.051 granos, aunque está considerablemente desgastado; esto equivale a 263 granos por siclo. Las monedas de oro y plata de los Ptolomeos descienden gradualmente en los reinos sucesivos desde 265 a 174 granos por dracma o siclo.[29] Las acuñaciones griegas de los Seléucidas, durante este mismo período, exhiben un deterioro similar desde los 265 hasta los 200 granos.[30] Naturalmente, las monedas de cobre estaban menos sujetas a la tentación de disminución respecto al patrón, y parece que durante la época de la conquista macedonia estaba en no menos de 265 granos por siclo. Por tanto, no podemos fijarlo en menos de 280 granos por siclo hacia la época de Moisés.

Suponiendo que los orificios para recibir las espigas (probablemente de 1/16 codo, o alrededor de 1-1/4 de pulgada de lado) estaban en el centro de las basas, y que las espigas (esto es, el centro de las mismas) estaban a tres octavos de codo del borde de la tabla, las basas dejarían un espacio entre sí de un cuarto de codo, excepto las de las tablas de la esquina, que, si eran como el resto, eran dos para cada (como lo exige la suma, un total de 96, Éx. 26:19, 21, 25; además de una bajo cada una de las cuatro columnas que soportaban el velo, v. 32; 38:27), cabrían bien entre las de las tablas adyacentes, como se observa en el diagrama adjunto.

Nuestro arreglo es el único propuesto hasta la fecha que admite todas las basas del mismo tamaño y forma y en su lugar sin que interfieran entre sí. La falta de uniformidad hubiera sido causa de gran confusión y de demoras.

---

29. Poole, R. T., *Catalogue of Egyptian Coins in the British Museum*, pp. 1-120.
30. Poole, R. T., *Catalogue of Syrian Coins in the British Museum*, pp. 1-112.

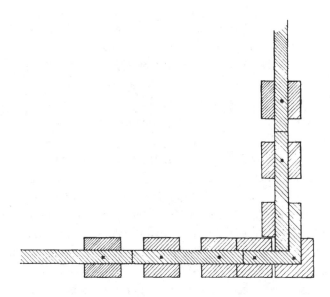

Ilustración 8.— Disposición de las basas de los ángulos (esquina SW)

Con el fin de mantener las tablas alineadas, se habían dispuesto tres series de barras, hechas de madera de acacia y recubiertas de oro, que se introducían en los anillos de oro fijados en la superficie exterior de las tablas (Éx. 26:26-29). Había cinco barras (en tres hileras) para cada pared, de las que la central era continua para toda su extensión,[31] y las superiores e inferiores divididas en dos tramos (naturalmente por mitades, y probablemente fijadas con una clavija en los extremos que se tocaban).[32] Al no darse el diámetro de las barras y de los

31. La última cláusula debería traducirse: "Cinco barras del lado del tabernáculo, [esto es] para los dos lados [esto es, los extremos de la parte posterior] hacia occidente" (Éx. 26:27). Evidentemente, estas barras eran redondas, por cuanto atravesaban *anillos* (heb. sing. *tabáath,* algo *estampado,* y de ahí un anillo para el dedo o como *ello;* esta misma palabra se emplea para designar a todos los demás anillos circulares del mobiliario del tabernáculo). Una manera plausible de organizarlas es ponerlas en cinco hileras, con la central o tercera pasando por el centro de las tablas mismas; pero hay objeciones insuperables a esto: (1) Está en desacuerdo con el texto, porque en tal caso esta barra no pasaría entonces por anillos (v. 29, anillos [de] oro [para] lugares [lit., "casas"] para las barras"); y no llegarían más "de un extremo al otro" que las demás. (2) A no ser que las tablas se hiciesen inusitadamente gruesas, esta barra (evidentemente del mismo material y grosor que las demás) se tendría que hacer tan delgada que su propio peso la rompería; y en todo caso sería imposible empujarla para que entrase por un paso tan largo.
32. Así es como lo comprende Josefo (*Antigüedades* III.6.3), porque ocasionalmente da buenas sugerencias, aunque generalmente falla tristemente en la mayor parte de la descripción.

anillos (ni tampoco las dimensiones de ningunas de las barras y anillos del edificio y del mobiliario), podemos suponer que debían ser unas varas de gran resistencia (probablemente con un diámetro de un cuarto de codo),[33] siendo que dos de ellas eran muy largas, y que todas estaban sujetas a grandes tensiones. Es probable que los tramos superior e inferior estuviesen situados lo más cerca posible de los extremos de las tablas, es decir, y como veremos, hacia la mitad del último codo. Por la mención que antes se ha observado de un "primer anillo" en el caso de la tabla de la esquina, inferimos que cada una de ellas tenía dos de dichos anillos.

El lector observará que el texto da la construcción de las dos tablas de la esquina en base de dos de las tablas posteriores solamente, no cada una de ellas de una tabla posterior combinada con una tabla lateral. También se refiere a solo un conjunto de anillos en este contexto, esto es, a los anillos para las barras. Además, se observará que la parte posterior está dotada de dieciséis basas, y cuarenta para cada lado; por ello, la superposición de la tabla de la esquina no tiene una basa suplementaria, ni la necesita, porque reposa sobre la última basa lateral.

Toda la estructura estaba indudablemente amarrada con cuerdas y clavijas de tienda, que quedarían bien sujetas a las perillas de cobre[34] en las tablas, fijadas en la superficie exterior a un codo por debajo de los frontones (como veremos más adelante) como punto de anclaje para la cortina del techo (vv. 11, 13), que se considerará ahora. Estas estacas de tienda, lo mismo que las de los postes del atrio, eran indudablemente de cobre. Suponemos que había unas sujeciones más cortas de la misma clase unidas a las perillas de oro en el interior, porque el lienzo del techo no sería un soporte suficiente.

---

33. Si las barras se hacen así del mismo tamaño que las columnas del atrio y del santuario, darán de manera exacta la continuación de la pendiente del lienzo del techo sobre los frontones en el mismo ángulo que el vértice. Estarán parcialmente ocultas por la envoltura lateral de las tablas de la esquina, pero quedará suficientemente de dicha envoltura lateral sin cortar para que tenga la resistencia necesaria, debido a la necesaria proyección de las grapas para los anillos.

34. Heb. sing. *kéres* (erróneamente traducido como "corchete", o sea, un gancho), que Paine compara de manera ingeniosa con el término cognado *karsól*, tobillo, por su notable semejanza con este último cuando se ve desde atrás. Véanse las observaciones acerca de estos accesorios más adelante.

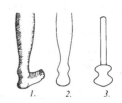

Ilustración 9.— Comparación de un corchete y de un tobillo 1. Forma natural. 2. Forma típica. 3. Forma artificial

La única otra sujeción a las tablas era una doble capa[35] de pieles en el exterior, sin duda colgando de las perillas, y con el evidente propósito de cubrir las uniones, y así resguardar del viento y de la lluvia, a manera de una cubierta a modo de barda, o como el recubrimiento de papel alquitranado de las casas modernas (v. 14 y paralelos). Se componía de una capa de piel de una cierta clase de animal,[36] sin duda con el lado del pelo hacia adentro, contra la superficie dorada de las tablas, y sobre ella otra de pieles de carnero, teñidas de rojo, con el lado del pelo hacia fuera, para dirigir la lluvia afuera del frontón.[37] No se dan sus dimensiones porque, al ser las pieles de tamaño indeterminado, se debían coser juntas todas las que se encontrasen necesarias para este propósito. Estas pieles, naturalmente, se extendían hasta la parte superior de las tablas, y en ellas se hacían unos cortes (a modo de ojales, y según lo permitiese su resistencia) para poder introducir por ellos las perillas de las que colgaban.

El techo

En cuanto al techo, la primera pregunta que necesariamente se plantea es: ¿Tenía el edificio una cubierta en pico, o un techo plano? Esto queda claramente resuelto por la solitaria palabra *tienda*,[38] que se aplica a la parte superior de la estructura,

---

35. Heb. *makséh,* una *cubierta,* aplicada solo a este objeto en particular y a un servicio precisamente similar (como veremos) en el arca de Noé (Gn. 8:13), aunque la raíz de la que se deriva aparece frecuentemente de tejido o de otras cubiertas, especialmente para denotar ocultamiento. Se trataba de unos lienzos verticales.

36. Heb. *tájash* (RVR, "tejón"; V.M., "foca"), que generalmente se cree que era alguna criatura marina, pero posiblemente la cabra de Angora, conocida por su fino y sedoso pelo (véase p. 119, nota).

37. En todos los pasajes en que se mencionan estos frontones, se emplea el término hebreo *millemálah* (lit., "desde como hacia arriba"), que desafortunadamente se ha traducido sencillamente "encima", pero que significa *desde arriba hacia abajo* (como el agua del Diluvio, Gn. 7:20, que alcanzó una profundidad de quince codos desde la superficie hasta las cumbres de las montañas sumergidas), se encuentra al final de la cláusula en el original, y se aplica a ambas capas de pieles. La posición que les asignan todos los escritores anteriores a Paine, esto es, *sobre el tejado,* es demasiado absurda para mantenerla un solo momento.

38. Heb. *óhel,* que se emplea constantemente de una tienda de lona, pero desafortunadamente traducido "cubierta" en la RVR en este caso (Éx. 26:7, etc.). Podríamos reposar con certidumbre sobre esta evidencia sola, si solo tuviésemos esta. Los que abrigan cualquier duda acerca de su suficiencia la verán confirmada de manera irrebatible por los subsiguientes arreglos, especialmente la anchura y disposición de las cortinas del techo. Un techo plano se habría enmohecido y podrido de forma irremisible en el primer mes de invierno, especialmente con las capas de pieles amontonadas encima. Además, ¡cuán antiestética habría sido una mera caja, como un ataúd con un paño mortuorio encima! Un techo

levantada "sobre" las paredes del tabernáculo (40:19), y que no puede significar, en ninguna posibilidad de uso en ninguna lengua, otra cosa sino una cubierta de lona con un pico. La necesidad de evacuar el agua de la lluvia, y el estilo invariable de los campamentos de beduinos, fijan esto además como un principio indiscutible de la arquitectura en tales casos. Una techumbre oriental de argamasa, barro, etc., es otra cuestión totalmente distinta, y que no se debe introducir aquí.

Casi todos los planes propuestos para el tabernáculo, que incorporan el principio de un techo llano, ignoran la necesidad de asegurar cada conjunto de cortinas, o de quitarlas en absoluto. Incluso Ferguson, que aunque como arquitecto profesional se da cuenta de la necesidad de un techo en pico, se ve obligado a extender las capas del techo en unas injustificadas pendientes de frontón, y a envolver las otras en rollos en los frontones, donde pronto se enmohecerían y pudrirían. La pena de todas estas reconstrucciones es que llevan el velo anterior al peor de los lugares posibles, directamente debajo de la brecha en el techo ocasionada por la unión de las cortinas por medio de lazadas y de ganchos en S o C. El amontonamiento de las *"tájash"* y de las pieles de carnero encima a fin de *tapar el derrame* es un pobre invento. Los "corchetes", cuyo verdadero significado dilucidó por primera vez Paine, son la clave de toda esta situación, por cuanto proporcionan un firme apoyo para todas las uniones. La Versión Revisada inglesa las traduce como "enganches" (*clasps*) a la ventura (o siguiendo a Josefo).Unos enganches tales serían inapropiados para las lazadas, y no dan solución alguna al problema. Las lluvias que caen en invierno en la península del Sinaí son a menudo prodigiosas, y ocasionalmente cae nieve hasta una profundidad de varios centímetros en los valles alrededor del Monte Sinaí. En marzo de 1874, este autor, con su grupo, experimentó una tormenta de nieve en el Monte Sinaí, tan intensa que tuvo que refugiarse en el convento de aquel lugar durante varios días. Los escritores que piensan solo en la estación seca son poco conocedores de la situación.

Así, tenemos una descripción del material del techo, que estaba compuesto de tela de pelo de cabra, exactamente como el que se emplea en las tiendas árabes en la actualidad, generalmente de un color negro zorrero o parduzco

---

plano de lona, por muy tieso que estuviese, se hubiera combado y atrapado grandes cantidades de agua, en caso de haber sido impermeable; la lona se habría roto, y habría llevado al derrumbamiento de toda la estructura. O, como es más probable, la lluvia penetraría en la depresión formada en la lona, y habría inundado los recintos, especialmente el Lugar Santísimo, donde no se permitía entrar a nadie, ni para el propósito de levantar el techo con una vara para permitir que el agua cayese fuera. Desde todos los puntos de vista, el modelo de un techo plano es totalmente imposible.

(Cnt. 1:5). Estaba compuesto de once piezas de tejido, cada una de treinta codos de longitud y cuatro de anchura (26:7, 8), y estas piezas estaban unidas[39] en dos grandes lienzos separados, uno formado por cinco y el otro por seis piezas del tejido (v. 9). La sexta "cortina" o ancho extra del segundo lienzo se empleaba con un fin concreto, no como parte de la cubierta del techo, sino para extenderla a través de los frontones frontal y trasero.[40] Para conseguirlo tiene que haber estado unida a los otros anchos no por el orillo, como los otros, sino *al extremo* del más estrecho.

Ilustración 10.— Tiendas árabes en el sur de Judá.
Se observará, por las franjas blancas de una de estas tiendas, que el tejido está dispuesto
horizontalmente

39. Heb. *jabár, asociar* juntas como compañeras ("unirás"), evidentemente cosiéndolas para formar un lienzo (v. 10, donde se emplea un derivado del mismo verbo); también de las cortinas laterales (v. 3). Por cierto que este mismo verbo se usa para denotar la yuxtaposición de ambas piezas en las perillas (vv. 6, 11), porque allí quedan también unidas por los bordes, aunque de una manera diferente. Si la intención hubiera sido simplemente unir las dos secciones de cada juego de cortinas en un inmenso lienzo, lo natural hubiera sido coserlas juntas en el acto, como los anchos individuales, en lugar de recurrir a la burda e imperfecta basta hecha por medio de lazadas y ganchos, como lo han propuesto tantos intérpretes.

40. Que este es el verdadero sentido de la expresión en Éxodo 26:9: "y doblarás [heb. *kafal*, "hacer pliegues" sin considerar la cantidad de dichos pliegues, porque se usa de una repetición indefinida] la sexta cortina en el frente [lit. 'hacia el frente de la cara'] de la tienda [no del 'tabernáculo', como en la RVR, porque no había pared de madera ni pieza del tabernáculo en la parte frontal del edificio]", queda claro por el uso de la misma frase para describir la posición de la lámina grabada en el tocado del sumo sacerdote (Éx. 28:37), "por la parte delantera", desde luego no a través de la parte posterior de su cabeza. Por ello, en el v. 12 la expresión es muy diferente: "Y la parte [lit. 'el desbordamiento', esto es, la colgadura extendida] que sobra [lit. 'lo superfluo', que se proyecta sobre este extremo] en las cortinas de la tienda [esto es, la parte del techo], la mitad de la cortina que sobra [lit. como antes, 'lo superfluo', que se proyecta sobre este extremo], colgará [o, 'colgarás'] a espaldas del tabernáculo [esto es, la parte de la pared]". Y ninguna de estas dos partes del sobrante o cortina del techo de seis piezas es la misma que la parte que se describe a renglón seguido (v. 13): "Y un [mejor: 'Y el'] codo de un lado [lit., 'desde este'], y otro [lit., 'el'] codo del otro lado [lit.: 'de aquel'], que sobra [lit.: 'en el superfluo', esto es, en exceso] a lo largo [no en paralelo con los frontones, sino a través de ellos] de las cortinas de la tienda [esto es, la parte del techo], colgará [lit., 'rebosará'] sobre los lados del tabernáculo [esto es, la parte de la pared] a un lado [lit., 'de este'] y al otro [lit., 'de aquel'], para cubrirlo". Obsérvese que en el v. 9 solo debe proyectarse de la sexta cortina la cantidad necesaria en aquel extremo

Paine fue el primer escritor, a partir de Josefo, en sugerir una unión del final de cada juego de cortinas del tabernáculo; pero él une esta sexta cortina del techo totalmente al final de su compañera, doblándola toda ella a través de la parte posterior del edificio, para lo que hay más que suficiente, aunque él asigna al tabernáculo doce codos de anchura por 29-1/2 de longitud (dimensiones interiores), o 12-1/3 de anchura por treinta de longitud (exteriores); cifras todas ellas fuera de proporción.

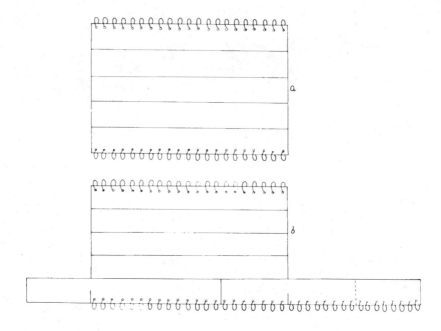

Ilustración 11.— Cortinas del techo unidas con lazadas
a. Cinco anchuras *b*. Seis anchuras

para doblarla (una vez) a través del *frente* (es decir, diez codos); mientras que en el v. 12 se ha de doblar la mitad (diez codos) del residuo (veinte codos) de la cortina que se proyecta al otro extremo (dos veces, pero contado por separado, como veremos) a través de *la parte trasera;* y una vez más, en el v. 13, tenemos un exceso (diferente) de un codo que debe doblarse hacia abajo *a cada lado*. Esta última mención, "a lo largo de las cortinas de la tienda", no se cuenta horizontalmente, sino en sentido vertical, como lo es "anchura" en Éx. 38:18; en ambos casos lo que se significa realmente es la *altura*.

Observemos que la preposición que se emplea aquí es *'el* (RVR, 'a'), que significa una flexión en una dirección *horizontal;* no *'al*, que hubiera indicado un movimiento *vertical*. Con esto concuerda el otro término distintivo que aparece aquí, *m°l*, que es, lit., *cortado, esto es,* una superficie abrupta y en ángulo recto. Por ello, la cortina suplementaria del techo no se extendía ni se enrollaba hacia arriba, ni a cada lado, sino que se empleaba para encerrar los frontones derechos delante y detrás.

Así, tenemos dos lienzos de pelo de cabra, cada uno de ellos con extensiones (o "piezas L", por designarlas de alguna manera), una de ellas del doble de longitud de la otra, según se muestra en el diagrama (véase ilustración 11).

Luego, como estos alargamientos de una de las anchuras se tenían que doblar a través de los frontones, las otras anchuras tenían también que colocarse horizontalmente, pero a lo largo y sobre el techo. Con este fin, tendrían exactamente la longitud necesaria (porque las veinte tablas, cada una de ellas de 1-1/2 codos de anchura, suman también treinta codos), y su anchura combinada (de veinte codos) sería también exactamente del ancho suficiente para pasar sobre el caballete, y doblarse sobre las perillas en las tablas. Si el pico es un triángulo isósceles de 70° (un número sagrado) en el ápice (lo que da 55-1/2° para cada uno de los otros dos vértices, una pendiente muy apropiada para un tejado), con una base de 10-1/2 codos (esto es, la anchura de la estancia más el grosor de las paredes), cada lado del tejado tendrá una anchura exacta de nueve codos, y con el codo debajo de cada frontón se consigue la suma exacta. Este hecho es de gran importancia, porque no había otra provisión, excepto quizá una estaca a cada extremo de la barra media, para impedir que las partes superiores de las tablas se separasen lateralmente (lo que iría causado por la tensión de las cuerdas de sujeción transversales en los extremos de la línea), más que el hecho de extender esta cubierta de lienzo por sus caras. Además, esta cubierta de lienzos, extendida y tensada a través del caballete, impediría que todo el edificio se separase bajo la tensión hacia afuera de los vientos tensores directamente opuestos.

La sexta anchura suplementaria de la cortina más grande del techo, como hemos visto, quedaba doblada a través de la parte inferior de cada frontón, cerrando en parte este triángulo, e impidiendo que entrase la corriente de aire por las estancias (que por otra parte estaban totalmente abiertas en el pico frontal). (El lector

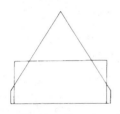

Ilustración 12.— Frontón trasero casi cerrado por la sexta cortina del techo. El frontón trasero se cerraba en parte de manera similar, pero con un pliegue simple

debería observar el importante propósito del lienzo suplementario del techo para cubrir la parte superior de las tablas traseras, por otra parte expuesta, y sus aditamentos. A este respecto se mantiene una uniformidad todo alrededor de los tres lados del edificio.) Por cuanto tenía treinta codos de longitud (como las otras piezas), un tercio de la misma era suficiente para ello, con un solo pliegue.[41] Esto nos da una clave del significado peculiar de la palabra que se traduce "doblarás" en Éxodo 26:9.[42] Sugiere que la cortina en cuestión era realmente depositada en "*doble* grosor". En otras palabras, que la otra parte de dicha cortina se empleaba en repetir el mismo proceso, simplemente invirtiendo la operación de plegado. Esta seguridad adicional frente a las inclemencias del tiempo se extendía sin duda a las otras cortinas del tejado, y esto lleva a un empleo eficaz y coherente del restante lienzo de cinco anchuras. Resumiendo, todo el tejado era de doble lienzo, como el "toldo" sobre las mejores tiendas modernas.

El borde inferior de cada capa estaba fijado de manera segura sobre las perillas para la cortina por medio de lazadas[43] (sin duda también de pelo de cabra, probablemente torcidas para formar una cuerda) fijadas al orillo (v. 10).

El lenguaje usado aquí es peculiar. "Y harás cincuenta lazadas en la orilla [lit. 'labio'] de la [primera] cortina [esto es, anchura], al borde en la unión [esto es, pieza, en el sentido de estar cosidas juntas], y cincuenta lazadas en la orilla de la cortina de la segunda unión". Esto no puede significar, tal como lo comprenden la mayoría de los intérpretes, que cada ancho cosido tuviese cincuenta lazadas en uno de sus bordes; porque además de la circunlocución para expresar una idea tan simple, entonces serían todas idénticas a este

---

41. El pico, si se trata de un ángulo de 70°, como hemos dado por supuesto, tendría casi 7-1/2 codos de altura vertical sobre la parte superior de las tablas, y la cortina del frontón se levantaría a tres codos por encima de ellas, de modo que casi llenaría el resto del triángulo, en la forma que se expone en el diagrama (Ilustración 12). La abertura en el pico era necesaria para luz y ventilación, y servía a la vez de ventana y de chimenea; pero una corriente de aire intensa habría apagado las lámparas del candelero. Las sesgas en la parte superior de los pliegues (causadas por la inclinación del techo) quedarían recogidas extendiendo las cubiertas de piel un poco por encima de las partes superiores de las tablas, donde quedarían también sujetas entre las capas del lienzo del techo (véase ilustración 13). Del mismo modo es probable que quedasen superpuestas alrededor de los bordes del frente, para quedar fijadas a los ganchos en los postes de la entrada. Si se precisaba de alguna otra sujeción para el pliegue frontal del lienzo, podría también fijarse a un gancho suplementario en el poste central. Se debe observar que estas cuestiones menores se dejan a la discreción de los edificadores.

42. El hebreo *kafál* (que ya se ha observado con anterioridad), y que significa de manera apropiada "*envolver* alrededor", pero que se usa frecuentemente en el sentido de *duplicación*, y a veces en el de una continua *reiteración*.

43. Heb. solo en plural, *lulaóth* (lit. "vueltas"), *lazos corredizos*, término empleado solo de este artículo en concreto; un término cognado, *lulim*, denota una escalera de caracol (1 R. 6:8). Es probable que estas lazadas se introdujesen en los ojetes en los bordes de las cortinas; en las de la cubierta del techo parece que sus extremos se ataban simplemente a un anillo, y las de las colgaduras laterales se anudaban en la parte posterior (cp. ilustración 16).

respecto, mientras que la fraseología expresa una considerable diferencia entre ellas. Coincidiendo con Paine, comprendemos esta aseveración como significando que cada pieza, *tal como se aplicaba al edificio*, cubría el espacio ocupado por aquel número de lazadas, contando todo el contorno del techo, desde una esquina frontal alrededor de los lados y de vuelta a la esquina frontal opuesta. En otras palabras, las cincuenta lazadas de cada pieza incluyen la parte posterior, como necesaria para completar su contorno. Por cuanto era doble, el pliegue interior es atribuido a la pieza interior elongada, de la que realmente formaba parte, y el pliegue exterior a la pieza exterior, de la que era el complemento. Esta manera de contemplarlo está favorecida por la referencia, en el mismo pasaje, a las extremidades de la línea de medición. Así se mantenía la uniformidad de la proporción, aunque las piezas mismas eran desiguales, y sus fijaciones variaban de manera correspondiente.

Con el fin de dar una comparación asequible, damos aquí, en columnas paralelas, una traducción exacta de esta relación y de otra muy similar, aunque característicamente diferente, de otro juego de colgaduras para la misma estructura (vv. 4, 5), y que consideraremos oportunamente de forma detallada. Las palabras en el relato paralelo (Éx. 36:8-18) son idénticas (en el original) excepto por lo que respecta a los tiempos verbales.

Cortinas del techo (Éxodo 26:10)

Y harás cincuenta lazadas sobre el labio (borde) de la primera cortina [como] el extremo final en la unión, y cincuenta lazadas sobre el labio (borde) de la cortina [como] la segunda unión.

Cortinas laterales (Éxodo 26:4, 5)

Y harás lazadas de violeta sobre el labio (borde) de la primera cortina desde un extremo en la unión, y así harás en el labio (borde) de la cortina [como] en el extremo final en la segunda unión. Cincuenta lazadas harás en la primera cortina, y cincuenta lazadas harás en el extremo de la cortina que [está] en la segunda unión; las lazadas receptivas la una hacia la otra.

No se deben confundir los dos términos hebreos empleados con sumo cuidado en los pasajes que acabamos de citar, y que distinguen cuidadosamente las dos clases de margen que necesariamente tiene cada pieza o ancho de lienzo, aunque parece que efectivamente han sido confundidos por todos los intérpretes que hemos consultado; estos términos son *safáh* (lit. *labio*, RVR, "orilla"), que es el *orillo* o margen lateral (tejido); y *katséh* (lit. *fin*, RVR "orilla", o su equivalente *katsáh* (lit. *fin*, RVR "orilla"), con su derivado *kitsyón* (lit. *hacia el fin*, o *extremo*, RVR, "extremo"), aquello que denota el *borde bruto* o margen terminal (cortado). El *labio* es el borde natural de la boca (que no es un *corte* en el rostro), mientras que el otro término (de *katsáh*, cercenar), es el *extremo* abrupto.

Se debe recordar que los tramos posteriores de las cortinas del techo, aunque de exactamente una tercera parte de la longitud que las del lateral del edificio, precisan de 8 lazadas cada uno, en lugar de 7, a fin de ajustarse a las correspondientes perillas, que están más cercanas a la esquina que en otras partes (véase ilustración 11).

El hecho de que cada pieza tuviese cincuenta de estas lazadas, mientras que solo había cincuenta perillas en total a las que iban unidas (v. 11), confirma nuestra posición de que las cortinas eran dobles, una de ellas fijada directamente sobre la otra. Si todas estas cincuenta lazadas hubiesen estado cosidas sobre un borde simple de treinta codos de longitud, no solo hubieran estado muy apiñadas (a una distancia de alrededor de medio codo), sino que hubieran estado desajustadas respecto a todos los otros espacios asociados. El codo en el espacio del lienzo a través del techo era llevado abajo sobre el alero, y servía para cerrar completamente la unión, dirigiendo las aguas a las pieles de carneros (v. 12).

Esta "superfluidad" o superposición (diferente de la del v. 12) se dice que está "a lo largo de las cortinas", porque aparece verticalmente cuando está colgada (cp. la expresión correspondiente en 38:18). La longitud de las cortinas exteriores del techo se da en base de las dimensiones *interiores* del edificio, como veremos que también se hace con gran exactitud en el caso de las cortinas interiores o de la pared. Pero como el exterior del edificio era, naturalmente, mayor que su interior (por el grosor de las paredes), la longitud suplementaria del lienzo del techo queda considerablemente corta (es decir, 2/6 [en el frente] + 8/6 [detrás, donde la tabla de la esquina queda doblada] = 1-2/3 codos en total) para dar tres pliegues a través del alero. Para suplir esta deficiencia, tenemos que suponer que se hacía un ojete o corte (con el borde crudo evidentemente atado o en dobladillo para impedir que se deshilase) en el orillo de esta extensión en la esquina, con la suficiente longitud para poder llegar a la pendiente del techo (esto es, alrededor de 1/2 codo).

Esta interrupción en la continuidad del borde lazado facilita la atribución de las lazadas de los orillos separados a las capas inferiores y exteriores del lienzo del techo. Esto es necesario para mantener la uniformidad en el número de las lazadas; especialmente por cuanto las diferentes capas se colocaban separadamente, con las cubiertas de pieles entre ellas. Deberíamos preguntarnos: ¿por qué no se hizo esta sexta cortina del techo ya más larga en principio, para cubrir las esquinas de una manera completa? La respuesta es que esto no solo habría trastornado la uniformidad de las dimensiones (una cuestión que veremos que es importante en el simbolismo —donde no se permiten fracciones desiguales)—, sino que además habría originado una sesga mayor y más gruesa en la esquina que la que pudiera cubrirse limpiamente entre las capas de lienzos del techo, especialmente por cuanto la extensión debería haber sido entonces de al menos dos codos más, para envolverse (cuatro veces) sobre las barras y anillos de la esquina. Todo este sobrante se habría acumulado en la sesga. La abertura triangular en la esquina puede haber quedado cubierta colocando la capa de pieles suficientemente por encima de las partes superiores de las tablas. El abombamiento que esto causaría en su sesga corta se puede aliviar con un corte de su pliegue en este punto (lo que no podría hacerse en el pliegue más largo del lienzo del techo sin dividirlo totalmente). (Véase ilustración 13.) El caballete tiene exactamente 30 codos de longitud, y esto gobierna la longitud del lienzo del techo. Los extremos de las piezas del techo, como se observará, se mantienen en ángulo recto, y los postes de la tienda con una verticalidad perfecta, mientras que el frontón trasero es un poco más ancho al fondo, de modo que cubre las partes superiores de las tablas. Se podrían insertar uno o dos ganchos suplementarios en el poste de la tienda para sujetar el borde superior de este tramo frontal y trasero, y uno también en el borde de cada tabla frontal, si fuese necesario; porque en ninguna parte se determina la cantidad de ganchos (y de sus correspondientes ojetes).

El corte exhibe la capa exterior del lienzo en el ángulo nordoccidental. La pequeña sesga en la parte superior izquierda de la envoltura trasera sale del pliegue debajo del borde lateral (o del techo) de la cortina, para exponerlo. La capa interior pasa por debajo de esta, coincidiendo con ella, y con la doble capa de pieles entre ellas.

Paine, con quien estamos en deuda por esta segregación de la undécima cortina del techo y sus lazadas, no llega a emplearla de manera ventajosa porque asigna doce codos de anchura al edificio, en lugar de diez. Por tanto, no tiene suficiente material para envolver a través del frontón delantero, y en cambio

Ilustración 13.— Pliegue de la esquina en la cortina del techo

tiene demasiado para envolverlo dos veces a través del frontón trasero. Así, según su esquema, los seis codos sobrantes de cortina tienen que plegarse ocultos entre las capas laterales, y quedar sin lazadas, aunque están en medio mismo de la porción con lazadas, sin nada que señale la interrupción de la continuidad de las lazadas.

Evidentemente, el techo estaba sostenido por una extensión hacia arriba del poste central de la entrada (que pronto se deberá considerar) delante de todo el edificio, y sin duda por otra similar en la parte posterior, probablemente con una tercera extensión en medio del edificio. Servían como postes de la tienda, y sus cabezas estarían seguramente labradas en forma curvada para no perforar el lienzo. Naturalmente, quedarían sujetas mediante unos vientos adicionales fijados cerca de la parte superior, sin duda por medio de un lazo corredizo, que quedaba impedido de deslizarse hacia abajo (como en los postes de la entrada) por un gancho adicional, que a la vez serviría para recibir un ojete en el borde del lienzo del techo en el pico. No hay evidencia, ni había necesidad, de ningunos otros postes ni de sogas cruzadas (ni de postes cruzados, ni de un poste de caballete ni de una soga de caballete), que no son usuales en las tiendas árabes. Un poste de caballete habría sido demasiado pesado si hubiera tenido la resistencia para impedir que el techo cediese, y una soga de caballete no habría sido más fuerte que el lienzo mismo. Las tiendas árabes tienen generalmente nueve postes verticales, dispuestos en tres hileras de tres cada una, que se corresponden respectivamente con el caballete y los dos aleros. El lienzo que forma el techo es simplemente echado encima de sus extremos superiores, y se extiende en una larga pendiente sobre los cuatro lados y hasta el suelo, sobre el que se extiende tenso con sogas y estacas. La entrada se hace sencillamente levantando una colgadura de este lienzo, que durante el día y en buen tiempo se mantiene abierta por medio de uno o dos postes adicionales que se levantan en sentido oblicuo, formando como un toldo. El interior se divide en dos piezas (la de delante generalmente para los hombres, y la de detrás para las mujeres) mediante una cortina que se extiende a lo largo de la línea central de postes. Todo esto es exactamente análogo a la disposición del tabernáculo, excepto que las paredes suplen el papel de las hileras laterales de postes, y que la partición queda más atrás.

El poste central de la tienda entre los beduinos es la percha donde se guardan todos los utensilios sueltos, que se cuelgan del mismo, como lo hacían los antiguos asirios.[44] Sería el lugar más oportuno donde guardar la vestimenta sacerdotal cuando no se emplease (Lv. 16:23).

Ilustración 14.— Forma probable del primero y tercero de los "tabernáculos"
El velo se ve a través de la mitad de la tienda, y se corresponde con la partición entre las piezas
para los varones y las mujeres.

---

44. Layard, A. H., *Niniveh*, ii. 214.

Ocasionalmente, especialmente en los bordes de la civilización, nos encontramos con una tienda oriental que tiene una forma *octogonal*, con un poste central, y los otros dispuestos a su alrededor de manera circular, con las paredes exteriores cayendo verticalmente desde ellos al suelo, y sujetadas con las sogas y las estacas acostumbradas. Esto se asemeja de manera llamativa al plan del tabernáculo, y hemos sugerido que las tiendas que Moisés y David levantaron como provisionales para propósitos sagrados pueden haber tenido esta forma (véase ilustración 14). De una fotografía hemos presentado el dibujo de la ilustración 10, y en otra aparece una tienda con un toldo. Esta forma tiene la ventaja de un espacio más aprovechado por la altura que ofrece, y puede servir para distinguir la residencia de una persona notable.

Las colgaduras interiores

Las colgaduras interiores del edificio eran de una textura mucho más delicada que las cortinas del techo.

La entrada estaba cerrada por una *cortina* exactamente igual que la del atrio exterior (Éx. 26:36), sostenida también de la misma manera por cinco columnas, excepto que estaban totalmente recubiertas de oro (por lo que no precisaban de remates separados), y que los ganchos eran de oro (v. 37), y las basas (y, naturalmente, las espigas) de cobre. Suponemos que estas columnas eran también de la misma forma y tamaño, tanto entre sí como con las del atrio, y ya hemos dado por entendido que el central se prolongaba hasta la altura necesaria para soportar el pico.

Situando la columna primera y quinta tan cercanas a las paredes como lo permita la cortina lateral,[45] tenemos cuatro aberturas que quedan de alrededor de dos codos cada una (3-1/2 pies = 107 cm) de luz, que da lugar más que suficiente para el paso de una persona. Naturalmente, las columnas se sostenían por delante y por detrás mediante vientos y estacas, pero no necesitaban sujeción lateral, porque las varas mantenían los remates equidistantes, y las paredes laterales mantenían toda la línea, impidiendo que cayese a uno u otro lado.

El *tapizado de la pared*, mencionado ya varias veces, se componía de diez

---

45. Las dos bases de cobre para estas columnas (o postes) se pueden situar junto a las basas de plata de las tablas, con un pequeño intervalo intermedio como hueco para recibir la espiga de cobre. El poste de tienda trasero caerá exactamente entre dos basas de plata, y su basa de cobre puede hundirse debajo de ellas fuera de la vista.

piezas de tejido del mismo material que las cortinas de la entrada, pero en este
caso de solo cuatro codos de anchura y veintiocho de longitud, cosidas para
formar dos grandes tramos, y sujetadas con lazadas (de [cordón] violeta; RVR:
"azul")[46] a perillas de oro en las paredes, de manera análoga a las cortinas del
techo (26:1-6; 36:8-13). (Véase la comparación del lenguaje que se usa acerca
de estas dos series de cortinas, tal como se da antes y más adelante.) De estos
dos tramos de cortina se dice de manera explícita que son exactamente iguales,
y que deben dotarse de forma igual de lazadas; de ahí, acudiendo a la clave de
la duplicación del lienzo del techo, suponemos que se tenían que colgar *dobladas*
a lo largo de las paredes. Esta sugerencia va apoyada por la especial palabra
hebrea que se emplea para denotar su combinación, *makbil* (26:5; 36:12, solo;
RVR: "estarán contrapuestas"; "correspondían"), lit. "causando recibir", siendo
el participio de una conjugación causativa del verbo *kabál,* que generalmente
se traduce "recibir". El lector debería observar que las lazadas de una cortina
"correspondían a las de la otra", como en 36:12. Caen directamente la una
sobre la otra, estando duplicadas como las cortinas mismas. Si colgaban
dobladas, estaban cosidas juntas *por el extremo,* como la quinta y sexta piezas
del lienzo del techo, que era más grande. Esto último es la justificación definitiva
de la singular fraseología (que ya se ha considerado) que designa las semejanzas
así como las diferencias entre ambos juegos de cortinas. Se asemejaban en que
tenían cincuenta lazadas en los orillos a todo lo largo de cada capa que se
ponía sobre el edificio. La "unión" o combinación que se significa en este

---

46. En el caso de las cortinas del techo no se especifica el material de las lazadas, porque se
daría por supuesto que eran del mismo y sencillo material de las mismas cortinas. Pero en
el caso que nos ocupa es necesario especificar cuál de los dos materiales, lino y lana, que
componían las cortinas laterales, fue el seleccionado, y, de nuevo, cuál de los tres colores se
escogió para usarlo para la tinción. Como estaban hechas de un cordón retorcido de dos
cabos, y este a su vez de una hebra, bien simple, bien doble, no se hubieran podido emplear
los tres colores en proporciones iguales, ni habría sido un color abigarrado de esta clase
apropiado ni consonante con los otros objetos coloreados. De los tres, el añil era el más
apropiado sobre el fondo dorado ("azul y oro"). Pero había otra razón, más determinante,
para el uso del "azul" (violeta) como color para estas lazadas. Estaban siempre unidas,
como veremos en su momento, a o cerca de las esquinas superiores de la franja violeta del
tejido, los ojetes, a través de los que tenían que entretejerse, y estaban fijadas totalmente
dentro de aquel color. La única excepción a esta regla (tan evidentemente apropiada; porque
las lazadas violetas en un borde de color diferente hubieran sido discordes a la vista) está
en las esquinas más apartadas, donde no hay franja violeta, y donde la unión queda oculta
por los dos pliegues que se juntan, lo mismo que los extremos de las lazadas. Las franjas de
diferentes colores, tejidas, se mantienen en una anchura y sucesión uniformes en la misma
pieza de tejido, como debe haberse hecho al tejerlas (véase ilustración 16).

contexto no era la de coserlas en una sola pieza grande (como en 26:3, 9; 36:10, 18), sino la de llevar las cortinas correspondientes una sobre otra al erigir la estructura (como en 26:6; 36:13). De ahí el uso del término cortina "final" (esto es, la pieza cosida *al final* de su compañera, y no al lado u orillo, como el resto) solo al hablar de la *primera* de las cubiertas del techo; mientras que este término (o su equivalente "extremo") se aplica a ambas piezas laterales. Los términos "primero" y "segundo" aquí, tal como se aplican a las "cortinas" o a las "uniones", significan no aquellas cubiertas antes descritas como lienzos de cinco anchos o de seis anchos (con respecto al lienzo del techo el menor se menciona primero, mientras que aquí es el mayor el primero que se menciona), sino aquellos que se *depositaban* en primer lugar, o segundo, esto es, la capa inferior y la exterior, respectivamente.

Para ilustrar la característica exacta de todo este texto (aunque a primera vista parece casi ininteligible), tenemos que observar que en ambos relatos se describe la descripción de las cortinas laterales (con alguna variación intencionada), aunque su disposición era realmente muy sencilla. Pero la de las cortinas del techo, más complicada, tanto por sí mismas como por la disposición de las lazadas, se da solo una vez en cada relato. La razón de ello no reside meramente en la circunstancia de que las primeras se mencionan en primer lugar en la narración sagrada, y por ello de manera más plena y explícita, mientras que las segundas, que vienen inmediatamente después, se dan de manera más breve y vaga, como si se tratase de una repetición de las primeras en todos los puntos subordinados no claramente especificados. Se debe también a que la concreción del significado lo exige. En el caso de las cortinas laterales, tenemos descritos el color de las lazadas y su posición en el orillo: dos puntos, vinculados por el requisito significativo de que en estos dos respectos las dos piezas debían ser exactamente iguales. Luego sigue una especificación más minuciosa de dos puntos concretos, esto es, la cantidad de las lazadas (de nuevo con correspondencia de las dos piezas en esto, pero de manera tan evidente que es innecesario añadir "asimismo" o "también"), y su distribución en las piezas (esta última correspondiéndose también, naturalmente, con el mismo punto antes expresado en otra forma). Para compensar la omisión del "asimismo" en este versículo, se da la observación general de que cuando se superpusieran una sobre la otra, las dos piezas deberían concordar de manera absoluta. En cambio, en el caso del relato más breve pero igualmente exacto de las cortinas del techo, tenemos combinados los elementos correspondientes de estas dos proposiciones relativas a cada lienzo, de modo que hay expuestos cuatro puntos de semejanza, como antes, pero no ocho, porque aquí no hay tantos. El relato, excepto que fuese prolijo y minucioso hasta un grado y manera que no se correspondería con la naturaleza de este documento, tiene que ser sumario, y dejar al lector que perciba el sentido con un cuidadoso ajuste de todos los detalles y de todo el contexto.

Por ello, tenemos una declaración sucinta del número y de la posición de las lazadas en cada pieza, tal como aparecen cuando se juntan dichas piezas. El color y el material —los únicos elementos diferentes— se dan aquí por supuestos. Ahora bien, si la disposición de las cortinas y de sus lazadas hubiera sido tan similar como lo consideran la mayoría de los intérpretes, el redactor sagrado hubiera simplemente repetido la descripción de las cortinas laterales (evidentemente, variando solo las circunstancias del material, tamaño y número), como lo hace en otros casos de correspondencia (por ejemplo, en los dos altares). O simplemente lo hubiera resumido, como lo hace en otros casos (por ejemplo, las diversas cortinas y postes de las entradas). Pero para ser veraz no podía hacer lo uno ni lo otro, porque había importantes diferencias a las que tenía que aludir, por brevemente que fuese; y estas diferencias las indica, pero no de una manera exhaustiva. Es inevitable que estas distinciones casi ocultas susciten ambigüedades y perplejidades para el estudioso. Por esta misma razón hemos dedicado tanto espacio a su aclaración, porque afectan sustancialmente a la reconstrucción; y los modos convencionales de disponer estas cortinas, especialmente las coloreadas, solo han llevado a conjeturas imposibles, falsas exégesis y restauraciones irrealizables. Esta parte de la estructura ha sido en verdad el punto flaco de los intérpretes. Hemos tratado de guiar fielmente a los carentes de prejuicios a salvo más allá de este lodazal, agradecidos nosotros por nuestra parte por haber encontrado un terreno tan sólido. Estamos dispuestos, por tanto, a presentar lo que sigue como una traducción libre, dando el sentido correcto de los dos pasajes en columnas paralelas.

Cortinas laterales (Éxodo 26:4, 5)
Y harás lazadas de [cordón] violeta sobre el orillo de la cortina inferior [cuya tela corre a lo largo] *mas allá de* [cada] fin [de costura] en la pieza [combinada]; y harás lo mismo en el orillo de la cortina [que corre de

Cortinas del techo (Éxodo 26:10)
Y harás cincuenta lazadas sobre el orillo de la cortina inferior [incluyendo la porción correspondiente de la pieza cosida] hacia el extremo en la pieza [combinada]; y cincuenta en el orillo de la cortina [que forma] la pieza su-

manera similar] hacia el extremo en la pieza [combinada] superior; cincuenta lazadas en la cortina inferior, y cincuenta en la cortina del fin, que está en el tejido [combinado] superior, las lazadas coinciden entre sí. perior [combinada, incluyendo de la misma manera la porción correspondiente de la pieza del fin].

Esto completa el sistema de dobles cubiertas para cada parte cerrada del edificio: una doble capa de pieles en el exterior de las paredes, como cubierta contra las inclemencias del tiempo; un tapizado doble de lino y lana[47] en su interior, como un revestimiento; y un lienzo doble de camelote sobre el techo y el frontón posterior, a modo de tejado de bardas. Todas las cubiertas del frente eran simples, por cuanto aquí la estructura era estrictamente una tienda. De pasada, observamos que ambos juegos de "cortinas", aunque sustancialmente duplicadas, como si fuesen suficientes para dos estructuras así, se describen de manera expresa (vv. 6, 11) como unidas de tal manera por las perillas como para formar "una tienda" y un "tabernáculo", respectivamente. Esta habría sido desde luego una observación poco apropiada si ambas se hubieran extendido simplemente por el techo, como lo han hecho los intérpretes desde Josefo hasta nuestro tiempo. Que las cortinas oscuras de pelo de cabra y las coloreadas de lana y lino no se aplicaban al edificio entero de la misma manera queda claro de manera expresa en el texto sagrado respecto a su propósito y uso. Las primeras conformaban el tejado en pendiente y los frontones triangulares de la parte que constituye la "tienda".[48] Ninguna porción de ninguno de estos conjuntos se extendía de manera horizontal, porque el edificio no tenía suelo sino la tierra, y ningún cielo raso, sino el techo inclinado. Desde luego, y como incluso el lector contemporáneo podrá ver, un tejido estirado de modo que forme una superficie horizontal nunca recibe el nombre de "cortina"; y no puede decirse con propiedad que "cuelga" excepto si está en

---

47. No se trata de lo que se traduce como "mezcla de hilos", el *shaatnéz* de Levítico 19:19; Deuteronomio 22:11, donde el hilo se compone de estos dos materiales cardados e hilados juntos.

48. Éxodo 26:7, "para una tienda [RVR, inexactamente, "cubierta"] sobre el tabernáculo"; v. 11, "juntarás la tienda" [RVR, inexactamente, "enlazarás las uniones"]; v. 13, "las cortinas de la tienda"; pero cuidadosamente, v. 13, la anchura del alero solo de un codo "colgará sobre los lados del tabernáculo a un lado y al otro"; el v. 12, de manera similar con respecto al frontón posterior, mientras que la última adornaba las paredes derechas de la parte del "tabernáculo" (*mishkán*, vv. 1, 6).

posición vertical (al menos en parte). Pero observemos que cada "cubierta" de pieles comenzaba en la parte superior (*millemálah*) de la parte de la "tienda" (v. 14), esto es, entre las dos capas de las cortinas del techo, aunque, al continuar hacia abajo, naturalmente se encontraba principalmente sobre las paredes verticales del tabernáculo. Las mismas distinciones se repiten de manera muy apropiada en las posteriores descripciones (36:8, 13, 14, 18, 19; 40:19).

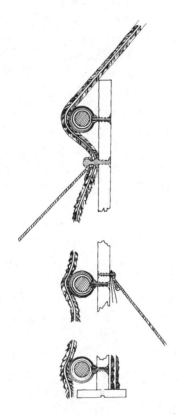

Sin embargo, a estas cortinas laterales se les asigna una notable dignidad, más allá de la hermosura de las cortinas de la entrada que se han mencionado hasta ahora, que por otra parte se asemejaban de manera exacta en su fábrica por su bordado de "querubines de obra primorosa" (26:1; 36:8), en lugar de la sencilla decoración de las otras colgaduras coloreadas. Aunque dejaremos a un lado la discusión acerca de la forma y del carácter de estas figuras hasta que nos las encontremos como estatuas sobre el arca, aquí consideraremos como las cortinas mismas fueron adaptadas a un diseño tan audaz. Imaginemos la representación de unos objetos tan extraordinariamente misteriosos en todas las variedades de actitudes incongruentes e imposibles: ¡algunos de lado, otros horizontales, otros cabeza abajo, todos sobre el cielo raso y las paredes de un santuario así! Pero este sería desde luego el resultado de la posición que generalmente se asigna a estos tapices, a no ser que las figuras se bordasen sobre ellos de manera que apareciesen derechas. Si hubieran sido trabajadas sobre la parte del ribete de las cortinas, hubieran parecido como decapitadas. Esto deja de manifiesto la necesidad, al reproducir el tabernáculo de una forma operativa, de tener en cuenta una multitud de consideraciones en las que por lo general no se piensa.

Ilustración 15.— Sección de la tabla de la pared con aditamentos

El especial énfasis que se pone en el precepto: "Mira y hazlos conforme al modelo que te ha sido mostrado en el monte", lo mismo que su repetición en varias ocasiones (Éx. 25:9, 40; 26:30; Nm. 8:4), muestra que hay muchos detalles menores que quedaron fuera de la descripción que ha quedado registrada, y que debían quedar suplementados por el modelo visual. Los intérpretes están por tanto justificados e incluso deben ejercer su ingenio para descubrir la forma más natural, sencilla, coherente y eficaz para suplir estos detalles. No es suficiente, como tampoco lo era para los artesanos originales, decir que aquello fue hecho sin duda de alguna manera adecuada; se tiene que señalar a la manera precisa, o bien se debe adoptar por vía de conjetura.

Debido a que las cortinas eran cada una de ellas el doble de largas que todo el perímetro de las tres paredes, tienen que haber estado fruncidas de alguna manera (porque las líneas rectas características del edificio y en especial de todas las demás colgaduras, no concuerdan con pliegues; y este material tan grueso y firme no los admitiría). El cordón pesado y duro ("torcido doble") de la urdimbre de lino (que, como debería observarse, *recibía todo el esfuerzo*, que era bien considerable, especialmente en las cortinas de la entrada, lo que hubiera hecho que bajasen mucho excepto por esta cualidad) se ocultaría en parte en la textura más suelta de la trama de lana (de la que no se dice que sea "torcido doble", porque en tal caso hubiera sido demasiado gruesa), pero al mismo tiempo también atiesaría materialmente estos hilos. Además, podemos observar que el curso inferior de las cortinas laterales seguiría exactamente los pliegues de la exterior, lo que ayudaría a mantenerlas en una forma agradable. Finalmente, las figuras bordadas atiesarían mucho las piezas. Podemos añadir que la caída en el fondo de la parte recargada de las cortinas no sería suficiente para explicar la diferencia entre su altura y la del velo, incluso si los pliegues incluían todo el exceso de longitud (esto es, sin ningunas piezas planas); de modo que en cualquier caso habría necesidad de lazadas largas.

El problema es cómo disponer los pliegues de manera que los querubines se exhiban de una manera perfecta y en posturas idóneas. De natural serían bordados transversalmente en el tejido, como las bandas de diferentes colores, y con ello aparecerían de pie, por cuanto la anchura del material (algo superior a seis pies) se correspondería de manera adecuada con su altura (suponiendo que tuviesen una forma sustancialmente humana). Por ello, es importante que los pliegues de la cortina tengan una regularidad, de modo que el fruncido oculte y distorsione las figuras lo menos posible. Suponemos que los querubines estaban bordados solo en la cortina exterior, porque no serían vistos en la interior. No obstante, si se creía necesario tener los dos exactamente iguales, esto podía hacerse simplemente invirtiendo el orden para el conjunto interior de cortinas; las figuras aparecerían luego en la cara frente a la pared, y comenzando por el extremo meridional, donde caerían exactamente en el lugar debido bajo las de la cortina exterior que se acaba de detallar (véase ilustración 16).

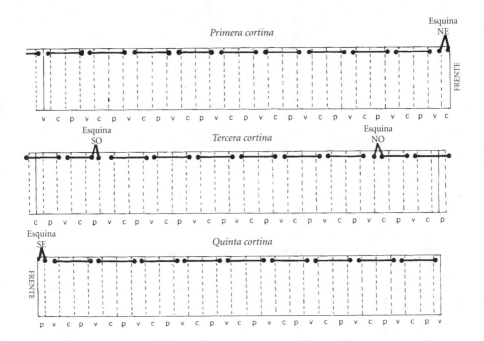

Ilustración 16.—— Cortinas de la pared, extendidas y dotadas de lazadas.
Solamente se exhiben aquí tres de las cortinas, las del principio, medio y fin de la serie expuestas a la vista. Las intermedias (la segunda y la cuarta) se pueden imaginar fácilmente, por cuanto son de carácter similar. Las letras "v", "p" y "c" designan las franjas *violeta*, *púrpura* y *carmesí* respectivamente, como se leían según el orden hebreo de derecha a izquierda.

Si las lazadas se hacen de largos de cordón de 2-1/4 codos de longitud cada uno (las de las esquinas proporcionalmente más cortas), con los extremos fijados al orillo con la misma distancia entre cada cordón (para abrirse planas con el tejido), y con un intervalo de 5/6 codo entre los extremos de los cordones

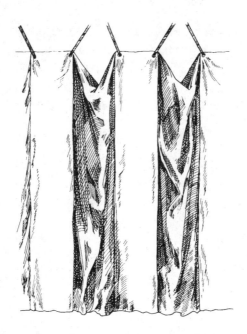

Ilustración 17.— Disposición de la cortina lateral

adyacentes, se verá[49] que cincuenta lazadas ocupan exactamente los ciento cuarenta[50] codos de cada pieza de la cortina, incluyendo cuatro lazadas de las esquinas, que ocupaban cada una 5/12 codo en los extremos y en el centro; mientras que los pliegues tendrán (excepto en las esquinas) 5/6 codo de anchura (cuando cuelguen), con un panel casi liso de la misma anchura entre ellos, suficiente para un querubín con brazos y alas plegados, o para el cuerpo de uno con las alas extendidas. Además, se verá que las lazadas, si se ajustan así, mantendrán los pliegues en buena forma cuando se cuelguen las cortinas de las perillas. Además, también se verán mucho mejor con sus extremos partidos en un triángulo que si cuelgan rectas de las perillas. Los dos pliegues adyacentes a cada esquina precisarán de menos material para un grado proporcionado de fruncido, debido al estrecho espacio disponible allí, como veremos en su

---

49. Hemos comprobado esta estimación mediante un experimento real, y lo confirmaremos (más adelante) de una manera sorprendente.
50. Este número, que es exactamente el doble del perímetro de los tres lados del interior del Santuario, sugiere que las cortinas en cuestión tenían que ser aplicadas precisamente así. Pero queda por explicar el grado de fruncido de las mismas.

momento; pero se proyectarán tanto como los pliegues contiguos. El lector cuidadoso descubrirá además que la reducción de estos pliegues más cortos cerca de las esquinas, junto con la omisión de un pliegue entero (pero no de una lazada) en la esquina misma, explica perfectamente el hecho de que los codos en la longitud de las cortinas son menos que tres veces la cantidad de lazadas (140, no 150), aunque cada pliegue (con su panel alternado) demanda tres codos de tejido. Esto se demuestra con un breve cálculo. Con una perilla irregular situada en los bordes traseros de la última tabla lateral (a fin de impedir que la cortina rebase la esquina diagonalmente, sin penetrar en el ángulo mismo), en lugar de la tabla lateral adyacente (que no existe), tenemos la pérdida (con respecto al espacio acostumbrado) de 1/6 de codo (esto es, dos veces la distancia de la perilla desde el borde, que consideramos como de 1/12 de codo. De manera similar tenemos la pérdida de medio codo en la parte posterior de la tabla de la esquina (3/4-3/12), siendo el último punto el medio codo de la tabla posterior que se muestra dentro, menos los tres espacios que generalmente se dan para las perillas desde el borde de estas tres tablas consecutivas, que aquí no se preservan. Por ello tenemos la fórmula siguiente: 3 x 2(1+1/3+1/2=1-2/3) = 10. Somos los primeros en explicar de manera plena y satisfactoria la causa de esta longitud exacta de estas cortinas, tan singular entre los otros números y dimensiones del edificio, y en especial diferente de la de las cortinas del techo. En la ilustración 19 proponemos otra demostración matemática de su exactitud.

Finalmente, podemos llamar la atención al hecho, bajo esta disposición, de que el borde de las cortinas en la entrada caerá atrás un poco más allá del borde anterior de la primera tabla que si las lazadas colgasen verticalmente, y esto es deseable a fin de protegerlas de las inclemencias climatológicas. Una vez más, esto permitirá una yuxtaposición más estrecha del poste de la puerta a la pared lateral, y es útil para impedir que el poste oscile, por cuanto no están fijadas juntas con un gancho (como sucede con el velo). (Los siguientes diagramas ilustrarán estas mediciones y el método de formar los pliegues.) Por ello, las cortinas no eran tan largas como las destinadas al techo, que, si hubieran estado unidas entre sí de la misma manera, resultarían diez codos más largas de lo que se podría acomodar.

Es evidente que las cortinas estaban pensadas para ser "fruncidas" en exactamente la mitad de toda su longitud. Los pliegues en el interior de las tablas se corresponden así, en su ondulación, con el tapizado en el exterior; y en ambos casos, como ya se ha observado, están duplicados.

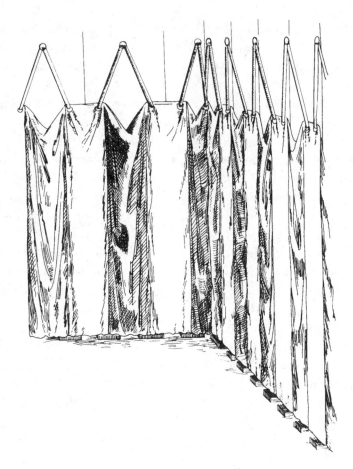

Ilustración 18.— Pliegues de la esquina en las cortinas de la pared

La cantidad de lazadas se determinaba por la de las perillas de las que se suspendían, esto es, cincuenta de oro (v. 6), y por ello más pequeñas que las de cobre para el exterior de las tablas, e insertadas más abajo, pero en todos los otros respectos se correspondían con estas últimas. La cantidad de perillas quedaba así determinada por la de las tablas, y es por ello de veinte por cada lado, seis para la pared trasera y dos para cada esquina, lo que lleva a un total de cincuenta. Las perillas estaban situadas lo más cerca que era posible del borde frontal de cada tabla lateral (excepto en las esquinas), y en la mitad de cada tabla trasera. Este cálculo sirve también para las perillas de cobre del exterior, excepto que las lazadas serán más cortas para estas últimas, y que am-

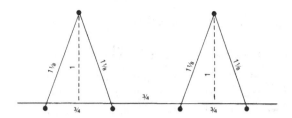

Ilustración 19.— Longitud de las lazadas laterales por triangulación.
Los números indican las proporciones de los elementos de los triángulos

bos lados de cada una estarán unidas, como para formar unos a manera de ojales que se fijan fuertemente a las perillas, estirando la cortina y dejándola bien lisa. Se tiene que recordar que para ambos juegos de perillas se precisará de dos de ellas en cada tabla de esquina, una en el borde frontal y otra en el ángulo, a fin de mantener la cortina uniforme. Esto hace que las perillas de la esquina interior estén más cercanas de sus adyacentes, como ya se ha tenido en cuenta. (Véase Ilustraciones 11, 16.) La altura de estas perillas desde el suelo determina la longitud de las lazadas, que se calculará cuando pasemos a considerar la del velo más interior.

Los únicos otros artículos que se mencionan como esenciales, y que se debían colocar en el interior de la estancia anterior o Lugar Santo, eran tres, que pasaremos a considerar de forma detallada.

Ilustración 20.— Mesa del pan de la
proposición en el Arco de Tito

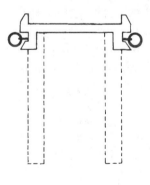

Ilustración 21.— Sección
transversal de la Mesa del
pan de la proposición

La mesa del pan de la proposición

El primero de estos objetos a la derecha o lado del norte (probablemente a mitad de camino) era la mesa del pan de la proposición (Éx. 40:22). Era de madera de acacia, de dos codos de longitud, uno de anchura y uno y medio de altura,[51] recubierto (indudablemente en toda su superficie cuando quedaba montada) de oro (25:23, 24; 37:10, 11). Como mesa, constaba naturalmente de una cubierta, lados y cuatro patas; la primera de la longitud y anchura especificadas, aparte de un ornamento que será considerado inmediatamente; y los últimos de las dimensiones especificadas, menos el grosor de la cubierta. Esto último lo podemos estimar en algo menos que lo que hemos supuesto para las tablas del gran altar, digamos de 1/12 codo (alrededor de 1-1/2 pulgadas, o unos 4 cm de grosor). La cubierta tenía una "cornisa"[52] o moldura de oro (aparentemente de madera recubierta de oro), evidentemente rodeando todo el borde, pero fuera del mismo y proyectándose sobre la parte superior, para impedir que los artículos colocados sobre la mesa cayesen fuera. Podemos estimar esta pieza como del mismo grosor (en la base, estrechándose hasta la mitad en la parte superior), y con una anchura de 1/5 codo (alrededor de tres pulgadas, o 7,5 cm). Así, se proyectaría en una mitad de su anchura por encima de la parte superior de la mesa.

Los lados son designados como una "moldura"[53] o panel simple, de un palmo de anchura (1/6 codo), adornado por otra "cornisa" o moldura (esta vez proyectándose asimismo afuera como la otra, y similarmente colocada, pero más estrecha, para alinearse con el fondo del lateral, y por ello incluida en su anchura), ambas piezas recubiertas de oro (25:25). Las patas (que opinamos que tendrían 1/6 codo de lado en toda su longitud), estaban aparentemente ensambladas en los lados. Las instrucciones restantes acerca de los accesorios

---

51. Literalmente, *mesa del rostro* (esto es, de la presencia de Jehová), o *mesa de la disposición* (de los panes), o *la mesa pura* (para distinguirla de la mesa doméstica o común).

   Esta proporción entre la longitud y la altura se mantiene de manera precisa en la forma esculpida en el Arco de Tito. Se debería recordar que por lo general las mesas orientales son bastante bajas, adaptadas a que las personas se sentaban en el suelo, y no en sillas.

52. Heb. *zer*, lit. *cinto*, esto es, cornisa; se usa solo de este ornamento en la mesa, el arca y el altar de incienso. El gran altar no tenía motivo para este borde adicional, por cuanto no tenía tapa o cubierta. La "hendidura" (o concavidad) de esta cornisa estaba naturalmente en el lado superior y exterior, formando un limpio acabado todo alrededor del borde.

53. Heb. *misgéreth*, lit. *cercado*; se empleaba solo (como término arquitectónico) de este objeto, y de un panel similar en los pedestales de las fuentes del templo (1 R. 7:28-36; 2 R. 16:17).

para transporte (precisamente como en el gran altar, excepto que se debía usar oro en lugar de cobre), los anillos, evidentemente fijados mediante unas grapas como los de las tablas del tabernáculo, los describen aquí como fijados en las esquinas superiores que corresponden a las patas, y sencillamente en paralelo con los lados (25:26, 27). La mesa como un todo, como todos las otras piezas del mobiliario, era tan sencilla y simple como era posible, y resistente para su servicio.

El pan puesto sobre la mesa se llama en hebreo *pan de la faz* (pan de la proposición), porque era puesto delante de la presencia de Jehová (v. 30). Los detalles acerca de esto se dan en Levítico 24:5-9. Este pan se hacía con flor de harina, indudablemente sin levadura, pero poco amasada, y cocida en doce tortas,[54] cada una de ellas hecha con un quinto de un efa de harina (o alrededor de cuatro litros), que si hubiera sido tan esponjoso como un pan bien levantado con levadura, hubiera tenido un enorme volumen, pero que al ser probablemente mucho más compacto, era de tamaño mucho menor, posiblemente de doce pulgadas de diámetro (30 cm) y cuatro pulgadas de grosor (10 cm), una gran hogaza familiar.[55] Estaban puestas "en dos hileras, seis en cada hilera".[56] La tradición judía, lo mismo que las dimensiones de la mesa, indican que esto se refiere a dos montones de seis cada uno, puestos, naturalmente, verticales sobre la mesa; y así, si los montones estaban en contacto inmediato (como lo indicarían la necesidad de apoyo mutuo en una columna tan alta y la estrecha asociación de las doce tribus aquí simbolizadas), quedaría un margen libre de cuatro pulgadas y media (11,5 cm) a cada lado y de 9

---

54. Heb. sing. *jalláh*, lit. *perforado* (lo que da color al concepto de que estaba horadado, como lo eran las tortas sacrificiales en algunas naciones antiguas. O más probablemente como lo hacen los modernos horneros, que pinchan las galletas, en parte para ornamentación, y en parte porque se cree que el vapor escapa con más facilidad al hornear), término que se usa solo de tortas sacrificiales (o, como en 2 S. 6:19, de algo que se les parece). Por ello, no se trataba de la torta ordinaria de pan oriental con forma de oblea, pero sin duda sería redondo y plano, pero mucho más grueso y más elegantemente elaborado. La mejor idea acerca de estas tortas la conseguimos quizá de unas similares tortas sagradas que aparecen en los monumentos egipcios (véase Wilkinson, *Ancient Egyptians,* i. 266, donde aparecen casi todos los artículos y utensilios enumerados en la lista que nos dan las Escrituras como pertenecientes a la mesa del pan de la proposición). Sin embargo, tenemos que rechazar la suposición de que se trate de modelos de los objetos del tabernáculo.
55. Cinco de estas hogazas fueron suficientes para el hambriento David y sus compañeros, quizá para varias comidas (1 S. 21:1-6).
56. Hebreo *maaréketh,* lit., *disposición,* que se usa solo de esta situación concreta, y que por ello (como se ve arriba) se toma al final como un término técnico.

pulgadas (23 cm) a cada extremo, medidas exactamente proporcionales a las respectivas dimensiones de la superficie de la mesa, y el todo componiendo un conjunto armonioso de dos pies (60 cm) de longitud, dos de altura y uno (30 cm) de anchura. Generalmente, se acepta que los panes se ponían sobre la mesa desnuda, sin ningún plato ni mantel. Se quitaban cada sábado, para que los comieran exclusivamente los sacerdotes (y ello solo en el Santuario); y eran sustituidos por panes frescos (1 S. 21:6) que habían sido preparados la noche anterior por los levitas (1 Cr. 9:32).

No se menciona ninguna otra sustancia[57] puesta sobre la mesa, excepto incienso [olíbano] "puro",[58] que, como se dice que se pone "sobre cada [lit. 'la'] hilera",[59] pero solo "para el pan", parece haber sido depositado no directamente sobre los panes mismos, sino en vasos para este propósito, donde podría ser cómodamente renovado tan pronto como se consumía en los ministerios diarios en el altar del incienso (v. 7). Estos vasos son sin duda los mismos que los incensarios[60] que se mencionan en el mismo contexto (RVR, "cucharas"), esto es, vasijas para incienso, no empleadas para quemar el incienso en las mismas, lo que se hacía en braserillos; además, esto era meramente olíbano, pero las vasijas eran más pequeñas que los recipientes del mismo nombre presentados por los príncipes en la dedicación (Nm. 7:14ss.) para guardar el incienso al por mayor.

Otro juego de utensilios relacionados con la mesa era las jarras[61] (RVR, "platos"), evidentemente para el aceite que se usaba para llenar el candelero al otro lado, similares a las grandes vasijas de plata del mismo nombre (RVR, "platos") presentadas por los príncipes en la ocasión ya mencionada, y que también contenían aceite (Nm. 7:13, etc.). Es probable que se tratase de vasijas altas de boca estrecha para derramar. Otra clase de utensilio eran los cántaros[62] (RVR, "cubiertas") que, como se usaban para libaciones, eran sin duda para

---

57. Parece que en tiempos posteriores se añadía un plato de *sal,* según la Septuaginta y Filón (cp. Lv. 2:13, que, no obstante, se refiere a los sacrificios en el altar de holocausto).
58. Heb. *zak,* no adulterado, como el aceite transparente usado para el candelero (Lv. 24:2).
59. Observamos de pasada que esto confirma la mencionada disposición de las piezas de pan en montones.
60. Heb. sing. *kaph,* lit. la *palma* de la mano, un platillo.
61. Heb. sing. *keäráth,* lit. vasos *profundos,* término empleado solo para designar este artículo, mencionado en el pasaje citado y en la lista paralela de Nm. 4:7.
62. Heb. sing. *kasáh,* lit. un vaso *redondo,* empleado solo para designar este artículo, mencionado en estos pasajes y en 1 Cr. 28:17 (RVR, "copas").

vino,[63] con un pico para verter; y en estrecha relación con ellos había todavía una clase diferente de vasijas, quizá pequeños jarros[64] ("tazones") para el acto sacrificial inmediato. Ninguno de estos vasos parece haber tenido asa o cubierta, aunque la mayoría de ellos pudieran haber precisado de un cierre para impedir la entrada de moscas, polvo y otras impurezas, y, especialmente en el caso de las copas para incienso, para impedir la sublimación del polvo aromático. Pero se tiene que recordar que una cubierta sería un engorro para el sacerdote, y parece que los vasos estaban hechos para contener solo una cantidad relativamente pequeña cada vez.

Los platillos para el olíbano difundirían un olor grato durante la semana, y lo que quedaba en ellos se quemaba (en el gran altar) cada sábado (vv. 7-9) junto con lo que no se había comido de los panes de la semana anterior. En realidad no había sitio para grandes utensilios en la mesa, pero como parece que había solo dos (se usa el plural de todos ellos) de cada clase (se da este número con referencia a las copas de incienso, que, sin embargo, se ponían sobre los montones de panes), podemos acomodar fácilmente uno de cada una de las otras tres clases a cada extremo de la mesa. Edersheim[65] opina que los dos utensilios con forma de cuenco que aparecen sobre la mesa del pan de la proposición en el Arco de Tito en Roma son los morteros usados para preparar el incienso sagrado. Si tienen el objeto de representar las vasijas para el aceite y el vino que se ponían regularmente sobre la mesa, son de un modelo muy posterior al del tabernáculo. Todos los vasos eran enteramente de oro puro, como lo era el recubrimiento de la mesa misma, y desde luego todo el oro empleado en el Santuario y sus objetos. Hubiera podido ser necesario alear algo el oro con un metal (para endurecerlo) en el caso de las planchas de las tablas del tabernáculo, que estaban sometidas a mucho desgaste.

El altar del incienso

El siguiente objeto del mobiliario que encontramos al contemplar el Lugar Santo es el altar del incienso, que estaba en la línea central, inmediatamente delante del velo que separaba esta pieza del Lugar Santísimo (Éx. 30:6; 40:5; Lv.

---

63. El vino se derramaba como libación (heb. *nések,* un *derramamiento*), en relación con los muchos sacrificios en el gran altar. Beber vino dentro del recinto sagrado era un crimen capital (Lv. 10:9).
64. Heb. sing. *menakkíth,* lit., copas de *libación,* que aparecen solamente designando estos objetos en este pasaje y en Jer. 52:19 (RVR, "tazas").
65. Alfred Edersheim, *El Templo: su ministerio y servicios* (Grand Rapids: Editorial Portavoz), p. 110.

16:18), posición que queda adicionalmente demostrada por el hecho de que un sacerdote ordinario ofrecía el incienso a diario sobre el mismo (Éx 30:7-10), mientras que en el Lugar Santísimo entraba únicamente el sumo sacerdote una vez al año. Pero se consideraba de manera general que pertenecía propiamente al Lugar Santísimo (1 R. 6:22; He. 9:4), aparentemente debido a su gran santidad.

Por lo que respecta a su construcción (Éx. 30:1-5; 37:25-28) era muy similar a la mesa del pan de la proposición, y era una sencilla caja (probablemente de tablas del mismo grosor) de dos codos de altura, con una cubierta (desprovista de rejilla, porque no había fuego directamente en contacto con la misma), de un codo de lado, y con cuernos (de manera idéntica al gran altar); y estaba totalmente recubierto de oro (indudablemente por dentro y por fuera). Tenía una moldura (RVR, "cornisa") alrededor del borde (pero nada por debajo del mismo), y anillos con varas para llevarlo, exactamente como en el caso de la mesa de los panes de la proposición. Por el hecho de que en este caso se dice que los anillos estaban "debajo de su cornisa", lo que no se dice de los otros objetos de mobiliario así dotados, concluimos que debía haber un pequeño espacio libre entre ellos en dichos casos, pero ninguno en este. La razón de esta diferencia no reside solo en que el altar del incienso fuese el objeto más pequeño de estos, sino que la mesa del pan de la proposición tenía *dos* de estas molduras, y que la vara se introduciría en posición simétrica entre ambas, mientras que el gran altar no tenía ninguna moldura así. En el caso del arca, aunque tenía solo una moldura en el mismo lugar que los otros objetos, sin embargo las fijaciones para los anillos habrían quedado tan cerca del borde superior del lado (y no reforzadas por una cubierta unida a ellos), que hubiera habido riesgo de desgarrar la madera, especialmente con la circunstancia de que en su interior se tenían que llevar las tablas de piedra de la Ley. No hay utensilios que pertenezcan de manera especial al altar del incienso. Su única función era quemar incienso sobre él a la hora de sacrificio matutino y del vespertino.

El candelero

A la izquierda o lado meridional del Lugar Santo, directamente enfrente de la mesa del pan de la proposición (Éx. 40:24),[66] se encontraba la tercera pieza de mobiliario, el candelero, cuya realización se describe minuciosamente (25:31-

---

66. En base de esta fraseología, y ante la ausencia de toda declaración explícita, así como por la coherencia con las dimensiones de la estancia, y para la comodidad en el servicio, concluimos que la posición de estas dos piezas de mobiliario era longitudinalmente de este a oeste.

40; 37:17-24). Fue trabajado a martillo para redondearlo,[67] de láminas[68] de oro puro, y que pesaba (junto con sus utensilios) un talento (esto es, 136,4 libras *avoirdupois* = 61,871 kg). La manera de su realización indica que era hueco, y Josefo afirma que así era.[69] No se da su tamaño, pero la tradición judía le atribuye una altura de alrededor de cinco pies (1,5 m) y una anchura de alrededor de 3-1/2 pies (1 m). En el Arco de Tito mide dos pies y nueve pulgadas (84 cm) de altura por dos (61 cm) de anchura. Pero las figuras que se representan en él no son a escala natural, y la proporción con la mesa de pan de la proposición en la misma escultura, así como con los hombres que aparecen allí, da un tamaño aproximado al de la tradición antes citada. Así, podemos considerar que la altura completa (incluyendo el pie) era de alrededor de tres codos, y que toda

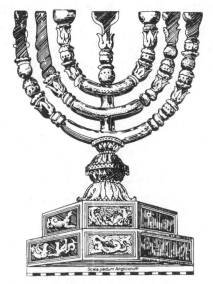

Ilustración 22.— El candelero en el Arco de Tito

Ilustración 23.— Disposición concéntrica de los abultamientos del candelero[70]

---

67. Heb. *miksháh*, que parece lit. significar *redondeado* como una columna (Jer. 10:5, "derecho"); aplicado también a las trompetas de plata ("de obra de martillo"; otros, "de una pieza entera") y a los querubines sobre el propiciatorio.

68. Las piezas pudieran quizá haberse fundido como tubos simples, pero entonces no hubieran podido ser conformadas, porque no se hubiera podido introducir ningún yunque en sus concavidades.

69. Este punto de vista es corroborado por el término (heb. *kanéh*, lit. una *caña*) que se usaba para lo que efectivamente la RVR traduce como "caña". (Véase Josefo, *Antigüedades de los Judíos*, III.6.7.)

70. Se observará que cada sección de los semicírculos de los que estas líneas son los radios se compone de dos miembros: la caña (un tubo simple) y el bulbo (o protuberancia), y que

la anchura (envergadura de los brazos) era de alrededor de dos codos. Esto sería apropiado para su emplazamiento y uso. En cuanto a su forma general, la cuestión principal es si los brazos se encontraban todos en el mismo plano y si tenían la misma altura. Esto se puede considerar decidido en sentido afirmativo por la representación que aparece en el Arco de Tito, que, aunque copiada del candelero del Templo de Herodes,[71] es indudablemente una representación correcta del sinaítico, excepto en sus rasgos ornamentales (especialmente su base octogonal, con paneles figurativos).

Respecto a sus detalles, el candelero se componía de tres partes, cada una de las cuales estaba hecha de una sola pieza de metal: una rama central derecha, tres pares de brazos semicirculares a ambos lados, y siete lámparas. Cada uno de los primeros siete componentes era un tubo redondo con tres clases de abultamientos ornamentales en ciertos puntos, que se correspondían entre ellos en forma radial. Todos estos elementos quedaron sustancialmente representados, en un estilo más ornamentado, en el Arco de Tito. Josefo[72] dice

---

cada una tiene una tercera parte o base (un reborde circular doble, como medio de unión, y de ahí una verdadera junta) solo donde se une a una clase diferente de pieza: esto es, al fondo y en la parte superior de la caña central y de los seis brazos, incluyendo las intersecciones de la caña central con los brazos. Así, había exactamente diez uniones roscadas cubiertas por otros tantos bonetes en todo el objeto (aparte de las siete inserciones móviles de las lámparas en sus encajes), es decir, la triple en cada una de las tres intersecciones (donde los extremos de los brazos pasaban a través de la caña central a cada lado [según lo permitía el reborde o "manzana" al ensanchar el cuello de la caña justo en este punto, al mismo tiempo que aseguraba el extremo del brazo], y se roscaban entre sí), y las cuatro uniones de las "copas" o piezas enteras, que soportan todo el segmento. Si, como hemos supuesto, las piezas estaban hechas de láminas, habría una costura a todo lo largo de cada, que, naturalmente, estaría en la parte posterior de la caña, y en la curva interior de los brazos. Estas podrían haberse soldado (y así se hubiera podido prescindir de las roscas en las uniones), si se conocía entonces el arte de la soldadura de oro.

71. Dice la tradición que este candelero, después de sufrir varios traslados de Roma a lugares extranjeros y de vuelta otra vez, se perdió finalmente en el Tíber durante una invasión de los galos. En todo caso, es cosa cierta que el escultor debió tener el original o un dibujo esmerado del mismo ante él. Si se cree que Tito apenas hubiera tenido tiempo de sacar el candelero del Lugar Santo (aunque parece que sí lo hizo con la mesa del pan de la proposición) durante su apresurada inspección de las estancias sagradas cuando el incendio se estaba apoderando rápidamente de todo el edificio (Josefo, *Guerras de los Judíos*, VI.4.7), el que fue realmente rescatado y representado en su arco pudiera ser el que la tradición recuerda como regalo de la conversa al judaísmo, Helena, reina de Adiabene, que se guardaba en una antesala del pórtico del templo. Puede que esto explique sus diferencias respecto al tipo mosaico. pero en todo caso se debe recordar que el candelero postexílico era solo una reproducción de memoria del que había estado en el tabernáculo.

72. Josefo, *Guerras de los Judíos*, VII.v.5.

expresamente que el candelero exhibido por Tito en su triunfo difería considerablemente del original en algunos respectos, pero, esto no obstante, debía ser fundamentalmente del tipo normal. El eje principal estaba sin duda extendido como una trompeta en la base, a fin de darle un firme apoyo. Tenía cuatro copas (heb. sing. *gebía,* lit. *curvatura*), que tenían forma de almendra (esto es, la nuez [no la flor, porque este término nunca se emplea], u *ovalada* o ahusada a partir de una cabeza, como una copa de vino, para lo que se emplea el primer término en otros pasajes, Gn. 44:2-17; Jer. 35:5). Aparecen mencionadas en primer lugar como apareciendo inmediatamente a partir de la base y de las tres intersecciones de las ramas, y por ello se encuentran (pero solo tres de ellas) en cada rama, también surgiendo de la intersección como una nueva base. Este parece ser el significado en Éxodo 25:35; 37:21; porque si se insertase simplemente el extremo de la rama en la caña, la habría cortado totalmente en dos, siendo ambas indudablemente del mismo diámetro. Tenemos por tanto que los brazos están insertados en la "flor"(de las que, lo mismo que las "manzanas", se dice que hay cuatro [esto es, una en cada intersección, y una en la parte superior] en el pie, pero solo una en cada brazo [esto es, en la parte superior]), lo que proporciona un agrandamiento suficiente en la intersección (esto es, no por encima de ella [porque en tal caso hubiera habido al menos dos en cada brazo], ni tampoco [lo mismo que las "manzanas"] por debajo de ella). (Véase ilustración 24.)

Prosiguiendo por la caña central en estas intersecciones respectivas, tenemos la misma cantidad de guirnaldas (heb. sing. *kaftór,* lit., *collar,* RVR "manzana"), esto es, dobles coronas como el capitel de una columna (Am. 9:1; Sof. 2:14), evidentemente por debajo de la intersección de las ramas. No aparecen en las ramas mismas (excepto una en la parte superior, como un arranque nuevo), sino que se corresponden con la base expandida (un simple reborde como terminal en esta dirección).[73] Una vez más había una cantidad igual de pináculos (heb. sing. *péraj,* lit. *flor*), como una yema lista para florecer (Is. 5:24; 18:5; Nah. 1:4). Junto a estos había un ornamento de una forma semejante en el templo (1 R. 7:20; 2 Cr. 4:5), esto es, globos o receptáculos para los brazos y quemadores. Estos, que naturalmente pertenecen también a las ramas, los hemos dibujado en forma bulbosa con una corola, con el auxilio de los restos esféricos en el Arco de Tito.

---

73. El mismo significado recae en el nombre propio *Caftor,* de la forma de guirnalda de la isla de Creta o, aun más apropiadamente, de Chipre.

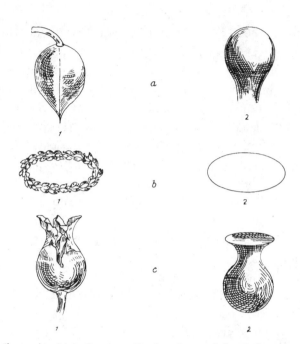

Ilustración 24.— Comparación de cada uno de los abultamientos
en el candelero con su tipo natural
a. Almendra (1) y "copa" (2)   *b.* Guirnalda (1) y "manzana" (2)   *c.* "Flor" (1) y yema (2)

Finalmente llegamos a las lámparas mismas (heb. sing. *ner,* lit. una *luz,* a
menudo usado de una "lámpara"), que, naturalmente, eran de la clase
universalmente dominante en Oriente: un plato plano, redondo u oval
(generalmente de terracota, pero aquí de oro), con un asa, como la de una
taza, en el extremo romo. Tenía un orificio para la mecha en el extremo
puntiagudo, mientras que en la depresión intermedia había un gran orificio
central para poner el aceite. En el caso presente suponemos que habían sido
ahondadas para obtener una forma cilíndrica en la base y ajustarlas a los
soportes para las lámparas en los extremos superiores de las ramas del candelero,
y prevenir su caída.[74] La mecha se hacía de fibras de lino de las vestiduras
descartadas del sumo sacerdote, según se recoge de la tradición, y el aceite
procedía de aceitunas machacadas a mano, que luego se filtraba en frío (Éx.
27:20). Las lámparas se encendían a la hora del sacrificio vespertino (Éx. 30:8)
y se apagaban, llenaban y despabilaban a la hora del sacrificio matutino (Éx.

---

74. Así parecen estar representados en los monumentos de Egipto (Wilkinson, *Ancient Egyptians,* III, 376).

30:7; 1 S. 3:3). Tradicionalmente, se cree que cada una contenía medio "log", esto es, como un cuarto de litro (véase ilustración 25).

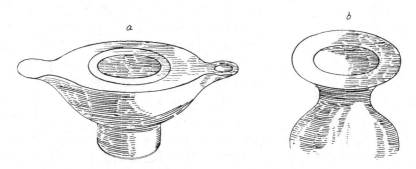

Ilustración 25.— La lámpara y su encaje

Los utensilios mencionados para este último servicio, que son los que ya se han mencionado hechos del mismo oro que el candelero, son las palas (heb. sing. *majtáh*, lit. cazoleta para ascuas, RVR, "platillos", el mismo término que se emplea para los "braseros" de cobre del gran altar, Éx. 27:3, etc.; el [de oro] de la expiación anual, Lv. 16:12; e "incensarios" en general), esto es, recipientes empleados para traer ascuas encendidas desde el gran altar; y "despabiladeras" (heb. siempre dual, *malkajáyim*, lit. *dobles tomadoras*), esto es, tenacillas para halar de la mecha, y para sostener el ascua mientras se soplaba para encender la lámpara. Estos utensilios los llevaba el sacerdote oficiante al atrio, donde se limpiaban las despabiladeras, y donde se volvía a llenar el brasero para un nuevo uso.

Las trompetas de plata

Los únicos otros artículos que pertenecen al Lugar Santo son las dos trompetas de plata[75] que se empleaban para anunciar el levantamiento del campamento, fiestas especiales, el Año del Jubileo, guerra u otros acontecimientos destacados (Nm. 10:2-10, etc.). Debían hacerse de una sola pieza (probablemente se realizaban como los tubos del candelero). Eran rectas,[76]

---

75. Heb. sing. *jatsotseráh*, lit. una *reverberación* vibrante, y que se usaban solo para sonar la alarma, o para una señal pública, a veces de gozo.
76. Josefo, *Antigüedades de los judíos*, III.xi.6.

como aparecen representadas en el Arco de Tito, donde se ven como iguales entre sí en diámetro promedio, pero de diferentes longitudes (comparadas con las dimensiones de la mesa del pan de la proposición, donde aparecen apoyadas diagonalmente, apoyadas por una especie de soporte puesto con este propósito en la parte media de las patas opuestas a un lado).[77] Las dimensiones eran, de la primera, alrededor de tres codos de longitud, y la segunda como unos 3/4 de dicha longitud, o alrededor de dos codos. El diámetro mínimo de ambas es de alrededor de 1/12 de codo (o 1-1/2 pulgadas, unos 4 cm), y el máximo es de 5/12 de un codo (o 7-1/2 pulgadas, 19 cm). La más larga de ellas se estrecha casi imperceptiblemente hasta casi la mitad y luego se agranda ligeramente hacia la boquilla, mientras que la más corta se estrecha al principio rápidamente, y después de la mitad se agranda considerablemente. Esta diferencia en el tamaño de las trompetas es tan inesperada, siendo que no se hace alusión a ello en ningún documento, y hubiera ocasionado una diferencia tan grande en sonido, que debemos atribuirla a un acortamiento en la perspectiva, introducido por el escultor y agudizado por la cámara. Por ello, asignamos una media de 2-1/2 codos (alrededor de 4 pies, 1,2 m) para la longitud de ambas. Esto daría una nota clara y aguda, suficientemente fuerte para poderse oír en todo el campamento.

Otros detalles

Ahora queremos considerar unas cuestiones adicionales que tienen que ver con todo este equipamiento sagrado.

Las láminas metálicas, tanto las de cobre como las de oro, se podían aplicar cómodamente después de haber terminado el trabajo de la madera, y servirían para sujetar firmemente los ángulos. Estas láminas debieron ser aplicadas con martillo (en ausencia de trenes de laminación), y por ello debían ser relativamente pequeñas, y superficialmente algo irregulares. De modo que es probable que se fijasen con clavos del mismo material, porque soldar hubiera sido difícil, y quizá no se conocía la soldadura de estos metales. Si los clavos eran de cabeza ahusada, como los modernos tornillos, se hubieran podido clavar sin que sobresaliesen de la superficie metálica. Las numerosas junturas o costuras así formadas darían gran resistencia al conjunto. Por lo que respecta a las tablas, especialmente las de las paredes del tabernáculo que fueron

---

77. Evidentemente dispuestas en el *frente*, lo que sirve de confirmación adicional de la posición de la mesa en sentido longitudinal en el Santuario.

igualmente recubiertas, eran muy anchas, y hubiera sido necesario hacerlas de varias piezas de madera, sin duda machihembradas; sus juntas habrían quedado así bien cubiertas y aseguradas. El grosor de estas láminas metálicas se deja asimismo a la practicabilidad del caso. Afortunadamente, tanto el cobre como el oro eran los metales más maleables que se conocían entonces.

Otra inferencia que se puede hacer en base de lo anterior es que las fijaciones de los anillos que recibían las barras transversales de las paredes del tabernáculo, y las varas de transporte de tres de las piezas de mobiliario, así como los "corchetes" o perillas (en las tablas de la pared), fueron empernadas y remachadas antes de aplicar las láminas de recubrimiento. En otro caso hubieran aparecido a modo de clavos, y como feas protuberancias en la superficie, especialmente los extremos de cobre de los "corchetes", que aparecerían dentro del Santuario sobre la superficie de oro. Paine infiere, por la mención especial de estas perillas entre los varios artículos *ya finalizados* (Éx. 39:33), que eran desmontables, esto es, que se introducían a manera de llaves, con sujeción en el lado posterior, no empernadas. Pero esto hubiera sido más bien un inconveniente, al exponer estas piezas a la pérdida en el transporte, y con la innecesaria pérdida de tiempo para extraerlas y volverlas a poner cada vez que hacían una jornada. Su conclusión de que permanecían a las tablas de manera permanente, debido a que constantemente se hace mención de ambos artículos juntos, es muy convincente. En el inventario detallado ("por sus nombres", Nm. 4:32) de los artículos empaquetados y consignados para el transporte (3:36), no son designadas por separado, como sí lo son las basas, las barras, las estacas de la tienda y las cuerdas.

EL TRANSPORTE

En cuanto a la manera más práctica de embalar para el transporte, no sería necesario extraer estos anillos y estas perillas, porque las tablas del tabernáculo serían lisas por el lado interior, y podrían por ello yacer planas en el suelo del vehículo. Más aún, si el carro no tenía fondo, las tablas se podrían depositar cara abajo sobre el eje o travesaño, y luego se podría colocar otra hilera de tablas sobre estas, cara arriba. Es probable que entre las tablas se interpusieran tiras de madera, quizá cubiertas de paños o pieles para evitar arañazos. Sin duda, las tablas y otros artículos en el interior del arca se guardaban envueltos en lienzos de lino, lo que protegería de las sacudidas en los desplazamientos. Los vehículos de los antiguos, especialmente de los egipcios, eran *carros* con dos ruedas solamente, y seguramente debían ser un medio muy incómodo en los escabrosos y tortuosos desfiladeros del desierto, a menudo sin caminos. En cambio, un furgón,[78] al estar dotado de cuatro ruedas y dos ejes, hubiera sido mucho más apropiado, al proporcionar estabilidad y al ser menos propenso a las sacudidas y a volcar, especialmente en el caso de las largas tablas y columnas. En todo caso, la carga hubiera estado amarrada con cuerdas, que habrían tenido fácilmente a mano.

Como las basas de plata (por no referirnos a las de cobre) pesaban algo más de seis toneladas métricas (100 x 136,4 libras, ó 100 x 62 kg), se debió disponer de algún modo especial de transporte para las mismas, aparte de los seis vehículos apropiados para las piezas de madera y cortinas del edificio y de su atrio. Quizá los coatitas (los más numerosos de los levitas, y que tenían solo la ligera carga de los vasos sagrados) ayudaban a sus hermanos meraritas (que eran el grupo menos numeroso de la tribu de Leví y que sin embargo tenían las cargas más pesadas) para el transporte de estos artículos pesados pero no voluminosos, o quizá se reclutó a israelitas ordinarios para este propósito. Una basa podía ser llevada por dos hombres con una estaca de tienda a través de su encaje. También es probable que se llevasen a hombros los postes del techo y las barras de las paredes, que eran piezas demasiado largas para ponerlas en los furgones. No hay rastro de la posesión o empleo de camellos por parte de los hebreos en este viaje, aunque en la actualidad son los únicos "barcos del desierto" posibles a causa de la escasez de agua y de la ausencia de caminos. Lo cierto es que los cuatro furgones asignados para el transporte de las piezas de madera de la estructura debieron estar suplementados por algunos vehículos adicionales, o bien tuvieron que hacer varios viajes de ida y vuelta para ello, como lo demostrará un breve cálculo. Una sección de una rama de acacia en nuestra posesión, de 4-1/2 pulgadas (11,5 cm) de diámetro y de apenas una pulgada (2,5 cm) de grosor, pesa media libra (225 g), aunque está bien curada y sin nudos.

Por tanto, cada uno de los postes del vallado del atrio del tabernáculo pesaba al menos cincuenta libras (5 x 20/2), esto es, 22,7 kg, sin contar sus remates de plata ni sus espigas de cobre; y los sesenta postes solos pesarían 3.000 libras, o alrededor de una tonelada y media. Con un cálculo similar, cada una de las tablas de la pared pesaba al menos 600 libras (273 kg), sin contar el

---

78. Heb. *agaláh,* lit., "una cosa *rodante*" (Nm. 7:3-8), un furgón egipcio (Gn. 45:19-27), que se traduce "carro" en otros lugares, como de hecho era realmente.

recubrimiento de oro, las espigas de plata u otros aditamentos metálicos; y las cuarenta y ocho tablas pesarían 28.800 libras, o alrededor de 14 toneladas. Para acomodar la cantidad de furgones, las estacas podrían ser reducidas sin problemas a la mitad del diámetro que hemos supuesto para ellas, lo que haría que su peso fuese relativamente hacedero. Podríamos hacer lo mismo con las tablas de la pared, de modo que en total pesasen (si eran solo de una pulgada de grosor, fortalecidas mucho por las planchas de metal) alrededor de cuatro toneladas. Pero la dificultad de conseguir furgones cuando los recursos (y especialmente la energía humana y animal) parecen haber sido tan abundantes, es demasiado ligera para exigir una modificación de nuestras estimaciones o una limitación en los materiales. Donde se ofrecieron seis furgones de manera voluntaria, se podrían procurar veinte o más, en caso necesario.

Podemos observar que el desierto mismo suministraba esta madera en abundancia, y que la copiosa provisión de metales, piedras preciosas y materiales textiles fueron provistos por adelantado por la instrucción divina (Éx. 3:22; 11:2) de *pedir* estas cosas a los egipcios (una justa demanda por su prolongada, dura y no compensada servidumbre), y que los egipcios se sintieron bien satisfechos de darlas con la esperanza de apresurar la partida de aquellos que hasta ahora habían sido sus esclavos (Éx. 12:33-36). Estos artículos de valor fueron posteriormente ofrendados con generosidad, por cuanto eran poco útiles en el desierto para fines comerciales. Las piezas de mobiliario estaban preparadas para llevarlas a mano, dedicándose dos hombres para cada una de las piezas menores, cuatro para las mayores, y ocho para el altar del holocausto. Es posible que los utensilios fuesen también llevados a mano, porque no faltaba gente para servir, aunque también tenían sus propias tiendas y bagajes que llevar. También es posible que fuesen reverentemente embalados en algunas de las cortinas y colgaduras del tabernáculo o del atrio cuando se preparaban para la marcha.

LA POSICIÓN DE LAS TRIBUS

En el *campamento* la posición de las diferentes tribus era como aparece en el diagrama a continuación (Nm. 2, 4, 7).

La ruta que siguieron fue fundamentalmente la misma que siguen generalmente los turistas modernos, y no presenta obstáculos insuperables, pero tiene diversos pasos difíciles. Se tiene que recordar que el mismo Moisés conocía bien la región, y que tenía además como guías a los parientes de su

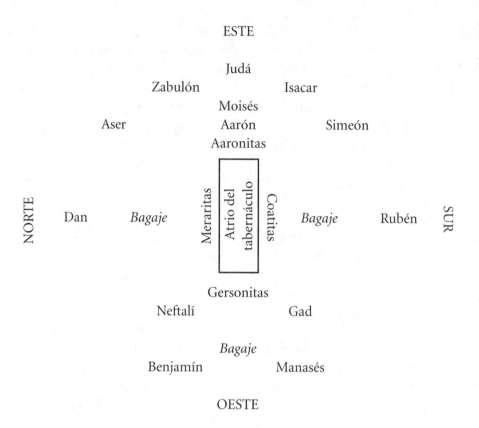

mujer, y especialmente la columna siempre presente de nube y fuego. En cada paso y circunstancia se indica una especial providencia.

Al prepararse para la *marcha,* los sacerdotes (aaronitas, esto es, los hijos de Aarón) descolgaban primero el velo y envolvían con él el propiciatorio, y luego envolvían toda el arca con una cubierta de pieles dedicada a este fin. Esto lo cubrían luego con un paño de lana violeta (RVR, "azul"), poniendo las varas laterales de transporte en la posición apropiada. Luego cubrían la mesa del pan de la proposición con un paño de lana similar, ponían todos los platos cerca de los montones de pan, envolvían todo en un lienzo de lana carmesí, y cubrían esto de nuevo con una cubierta de pieles, poniendo las varas laterales de transporte. En tercer lugar, envolvían el candelero y todos sus utensilios en un paño de lana violeta (RVR, "azul"), ponían todo en un saco de pieles y lo colgaban de una barra, para llevarlo de igual manera. En cuarto lugar, envolvían el altar de incienso en un similar paño de violeta, y lo cubrían con una cobertura de pieles, poniendo las varas para transportarlo. En quinto lugar, envolvían todos los otros utensilios del Santuario, incluyendo las trompetas de plata y los incensarios de oro, en un paño de violeta similar, y los ponían en otra bolsa de pieles para transportarlo todo con una barra. Seguramente, la fuente de lavado se preparaba para su transporte de igual manera. Finalmente, sacaban todas las ascuas y cenizas del altar del holocausto, extendían encima del mismo un paño de lana de púrpura, colocaban todos sus utensilios de cobre sobre la reja, y luego lo cubrían todo con una cobertura de pieles, y ponían las varas de transporte. Acabados estos preparativos se llegaban los levitas (de la familia de Coat) para tomar las piezas de mobiliario, poner las varas de soporte sobre sus hombros, y marcharse con ellas. Luego acudían los demás levitas que desmontaban el atrio, la tienda y las paredes, y lo colocaban todo en furgones. El orden de marcha era como aparece en el siguiente diagrama, en el que todas las partes mantenían tanto como era posible sus posiciones relativas en el campamento.

Judá
Isacar
Zabulón

Moisés
Aarón
Sacerdotes

Dan   Coatitas   Rubén
(con el mobiliario a hombros)

Aser   Gersonitas   Simeón
(con el material y las cuerdas de la tienda en dos furgones)
Neftalí   Meraritas   Gad
(con el material de madera y accesorios en cuatro furgones)

Efraín
Manasés
Benjamín

Es de suponer que las etapas que se mencionan en Éxodo 12—19 y Números 33 representan solo los campamentos principales, donde los israelitas se detuvieron durante un tiempo considerable. La ruta indicada es solo la del *cuartel general,* compuesto de los dirigentes, las familias y los establecimientos eclesiásticos, mientras que los jóvenes debían estar dispersos por la península, encargados de los rebaños y de las manadas. Los pastos parecen haber sido mucho más abundantes en el pasado que en la actualidad, debido a la sobreexplotación de los árboles y arbustos de la región (para combustible, especialmente en la fabricación de carbón vegetal para su venta en Egipto), y el consiguiente secado de los arroyos.

EL LUGAR SANTÍSIMO

La estancia interior, llamada el Lugar Santísimo ("santo de santos", un hebraísmo), que podemos comparar con un santuario, era simplemente una continuación de la estancia delantera, en la que las paredes, la cortina del techo y las cortinas laterales eran las mismas. Así, solo tenemos dos objetos que examinar en este lugar.

La única separación entre las dos estancias era otra cortina, similar en todo a la de la entrada desde el exterior excepto en un detalle, y que por tanto precisa de un tratamiento de solo dos puntos, en lo que se encontrará muy determinante, como lo implica su nombre en el original (heb. *paróketh,* lit. una *separación,* esto es, partición, y que solo se aplica a esta colgadura). Se describe de manera particular en Éxodo 26:31-33 y 36:35, 36.

Esta cortina difería de la cortina de la entrada al Lugar Santo solo en un respecto. Tenía un bordado de querubines en lugar de figuras llanas, asemejándose en esta característica a las cortinas laterales, excepto en que estos estaban sin duda representados con alas extendidas tocándose, y en que se precisaba solo de dos figuras para llenar todo el espacio,[79] porque esta cortina estaba, como las otras, estirada a todo su ancho, y por ello no era necesario especificar su anchura, por cuanto el espacio que ocupaba era toda la anchura de la estancia.

Estaba colgada, como las otras cortinas de entrada, de unas columnas, que

---

79. Parece, en base de 1 Reyes 6:23, 24, que se consideraba que la envergadura de las alas de un querubín era igual a toda la altura de la figura. Por ello, estos dos querubines que se tocaban uno al otro con alas extendidas dejarían un margen exactamente igual en el velo al fondo y en los lados, suponiendo que estaban situados a la misma distancia desde la parte superior como en las cortinas laterales, donde parece que hubieran quedado dispuestos en el centro de los anchos.

eran y estaban equipadas igual que las de la estancia delantera, excepto que sus basas (y naturalmente también sus espigas) eran de plata, en lugar de cobre. No parece que tuvieran ningunas varas de unión. La razón de esta última diferencia es que esta cortina estaba unida no solo con ganchos de oro en las columnas, sino también *a las tablas laterales*. Así se impedía que la línea balancease transversalmente respecto al edificio. Las columnas, por otra parte, eran cuatro, no cinco como en el caso de la entrada de delante, porque no se precisaba de ninguna columna central para sostener el pico aquí, y las de los extremos no necesitaban tocar la pared para sostenerse. Por ello, suponemos que estaban situadas de forma equidistante entre sí y también entre ellas y la pared. Esto haría cinco espacios de dos codos cada uno entre centros, menos 1/8 de codo para los espacios adyacentes a las paredes. Preferimos este método de distribución a aquel que los pone en contacto con las paredes, dejando solo tres espacios, porque en este plan se hacen más anchos los pasajes al Lugar Santísimo, adonde solo un hombre pasaba una vez al año, que los de la entrada delantera, por donde cada día pasaban muchos hombres a menudo. Así, vemos como de fuera hacia dentro las entradas se van empequeñeciendo en cada recinto sucesivo, como lo demanda la coherencia. Encontraremos otra razón todavía más concluyente para esta disposición cuando lleguemos a considerar la sucesión de colores en las colgaduras de la pared.

La posición de este velo interior deviene importante, en primer lugar, por la evidente razón de que las dimensiones de las dos estancias en cuanto a longitud quedan indicadas solo por esta línea de división, y sin embargo su emplazamiento a este respecto no se especifica en absoluto. Se nos deja con la suposición de que la estancia interior era cuadrada y que la exterior era el doble de larga que ancha. Estas conclusiones quedan confirmadas por las proporciones de las estancias correspondientes del templo, en lo que todos están de acuerdo. Esto pone la línea divisoria en dos tercios de la anchura de la séptima tabla contando desde la parte posterior, y por ello debe insertarse un gancho en este punto en las paredes laterales. La presuposición es que los postes de los que se colgaba el velo están totalmente dentro del Lugar Santísimo (esto es, con la cortina en su superficie exterior, como en los otros dos casos).

En el texto solo se da otra indicación acerca de la posición del velo, y el valor o necesidad de dicha sugerencia (que se presenta en los términos más explícitos, como algo importante) no se hace evidente más que bajo un detenido estudio. Es como sigue: "Y pondrás el velo debajo de los corchetes [esto es, debajo de las perillas de las cortinas laterales]" (Éx. 26:33). Por cuanto no se dice cuánto por debajo de las perillas se debe poner el velo, la inferencia legítima es que debe ponerse *inmediatamente* por debajo de ellas, como en otros casos (Éx. 25:35; 26:19; 30:4), en tanto que si hay algún intervalo, queda siempre indicado por una diferente expresión (Éx. 26:12, 25; 27:5). Obsérvese también que el lenguaje es "debajo de las perillas", esto es, de su línea en general, no debajo de ninguna perilla en particular. Se debería observar asimismo que este mandamiento especial acerca del velo no podría haberse dado con el propósito de fijar su emplazamiento ni sus dimensiones, porque en realidad no consigue esto en ningún sentido; tampoco tiene el propósito principal de indicar la altura de las perillas desde el suelo. Más bien tenía la intención de señalar a alguna peculiaridad acerca del *modo de colgar* el velo, diferente del de las otras cortinas, al menos en los dos extremos, esto es, mediante un gancho en las tablas mismas, y no en los postes como en las demás.

Hemos supuesto que las colgaduras de las entradas interiores, es decir, del Lugar Santo y del Lugar Santísimo, eran uniformes respecto a altura con las del atrio exterior, esto es, cinco codos (Éx. 28:18), porque eran para el mismo propósito de ocultar la vista del exterior. En el caso del velo, esto queda especialmente confirmado por la altura paralela de las perillas de oro, que no hubieran podido estar más bajas si iban a proporcionar un punto de anclaje adecuado para las cuerdas de amarre interiores, ni más altas si no iban a interferir con el margen necesario alrededor del mobiliario. La triangulación de las lazadas de color (Ilustración 19) corrobora esta misma conclusión.

Se debe recordar que las cortinas laterales tenían solo cuatro codos de anchura (esto es, cuando se colgaba), mientras que el velo tenía cinco codos. Así, las perillas deben haber estado en las tablas un codo por encima del borde superior de las cortinas. Esta instrucción nos revela dos cosas interesantes. Primero, que el velo estaba unido directamente a las paredes, pero no a las perillas, porque, como acabamos de ver, no hay ninguna perilla en el lugar apropiado; ni tampoco se habría podido asegurar el velo de manera apropiada en ninguna de ellas, si hubiera estado en su lugar, porque no se presentaría de la manera adecuada. En segundo lugar, las lazadas eran de tal longitud que la parte superior de las cortinas estaba a un codo por debajo de las perillas. En la ilustración 19 se muestra cómo esto sería matemáticamente cierto en la manera que hemos observado de colgar las cortinas.

Queda todavía una prueba aun más crucial de la exactitud y coherencia de nuestro método de disponer estas cortinas coloreadas. Como las tablas enteras tienen cada una un codo y medio de anchura, con una perilla y una lazada para cada una, y como las piezas unidas tienen cada una de ellas el doble de longitud que todo el perímetro de las tablas, sigue de ello que cada sección con lazada asignada a una tabla ha de tener una longitud de tres codos, lo que da exactamente un codo para cada una de las franjas de color que la componen. Ahora bien, por cuanto los paneles planos de violeta, que contienen la figura del querubín, han de tener cada uno cinco sextos de un codo de anchura entre los extremos de las lazadas que los extienden, o un codo entero incluyendo las lazadas y sus ojetes, quedan dos codos para los otros dos colores, uno para cada lado del pliegue intermedio de tejido.

Además, como toda la longitud de cada uno de los tramos combinados es de 140 codos, cantidad no divisible por tres sin resto, sigue que si las tiras eran tejidas de manera uniforme en cada ancho de cortina separado (o no combinado), como no podemos dudar que lo eran, uno de los colores al menos debe haber faltado, o debe haber estado repetido a uno u otro de los extremos. Llegamos a la misma conclusión por el hecho de que cada una de estas piezas originales o separadas de material tenía una longitud de veintiocho codos, lo que daba nueve series enteras de colores (9 x 3 = 27), y un codo sobrante para una franja entera. Supongamos que las franjas comienzan en el borde frontal de las tablas del norte, y pasemos de manera regular rodeando las paredes (siguiendo el orden hebreo de lectura, como se observa en otros lugares), siguiendo la sucesión invariable de colores como aparece en el texto sagrado, hasta que terminan en el borde frontal de la pared meridional. A fin de llevar el violeta hacia la mitad de la primera tabla (posición necesaria por ser la del panel bordado, con sus lazadas violetas adjuntas), comencemos con el color que le precede de inmediato, esto es, el carmesí. Hacemos esto con *media franja,* en lugar de con una franja entera, según nuestra costumbre uniforme en el caso de las cortinas de la puerta. (Esta media franja de carmesí, obsérvese, está oculta por la columna de la puerta en este punto, de modo que la serie parecerá comenzar realmente con la franja violeta, la que siempre se menciona en primer lugar en el orden de enumeración.) La franja que la sucede, de púrpura, junto con la mitad de la que sigue de carmesí, completan el colgante de la primera tabla, quedando el conjunto en perfecta simetría, con los paneles y las lazadas con un buen ajuste con la perilla, y comenzando además de terminando con una media franja del mismo color.

La serie procede de manera regular, hasta que llegamos al final del primer tramo de lienzo, que termina con media franja de violeta en la mitad de la décima tabla. El segundo tramo de lienzo, que reanuda la misma serie con otra media franja de violeta, prosigue el orden otra vez de manera regular hasta el final de este tramo, que termina con media pieza de púrpura en el último tercio de la tabla decimonovena. El tercer tramo de lienzo prosigue el mismo orden con otra media franja de púrpura, que, junto con media de la franja carmesí adyacente, completa esta tabla, y la esquina llega de la misma manera con la primera mitad de la siguiente franja de carmesí, de modo que la mitad de cada tabla sigue en cada caso cubierta por el panel violeta. Aquí el medio codo de la tabla posterior esquinera cambia el ajuste, con la restante media franja de carmesí formando el pliegue corto en la esquina (sin ningún panel plano intermedio). La siguiente franja violeta lleva la serie a través de la unión de las tablas hasta el siguiente pliegue, que consiste de las franjas púrpura y carmesí que caen bajo la perilla en la mitad de la primera tabla entera del fondo, como debe ser. Esta última disposición se mantendrá de forma regular hasta llegar a la siguiente tabla esquinera de la misma manera con la última mitad de la octava franja violeta del tercer tramo de la cortina. La mitad de la franja adyacente de púrpura forma el pliegue corto para esta tabla, precisamente como ha sucedido con la esquina opuesta. El resto de la franja púrpura, junto con la totalidad de la franja carmesí que viene a continuación, forma el pliegue (algo corto) en la primera tercera parte (posterior) de la vigésima tabla del sur (contada desde el frente del edificio). Aquí, la siguiente franja violeta vuelve a caer en la mitad de una tabla lateral, correspondiéndose de manera precisa con su compañera en el lado opuesto de la estancia, y prosigue la misma disposición de manera regular para cada tabla lateral hasta la esquina delantera. El tercer tramo de cortina termina con una media franja de carmesí en el último tercio de la tabla decimonovena, el cuarto tramo con una media franja violeta en el tercio frontal de la décima tabla, y el quinto tramo con una media franja púrpura en el extremo de la línea (oculta por la otra columna de la entrada). Así, la inversión del orden de las franjas en los lados opuestos de las estancias queda compensado de tal forma por el cambio en los paneles en las esquinas, que se mantiene una estricta regularidad en toda la serie, y sin embargo hay una completa correspondencia en la posición de los veinte paneles violetas de querubines a cada lado, y los siete en el fondo.

Una vez más, el velo, a veinte codos desde el frente y a diez codos desde el fondo de la estancia interior, se encuentra al final del primer tercio de la tabla decimocuarta desde la entrada (13-1/2 x 1-1/2 = 20), o, lo que es lo mismo, al final del segundo tercio de la séptima tabla desde el fondo (6-1/2 x 1-1/2 = 10). En este punto tendremos la unión de una franja carmesí con una franja violeta en el lado del norte, y de una franja púrpura con una franja violeta en el lado del sur. En ambos casos, queda inmediatamente delante del decimocuarto panel violeta con un querubín desde la entrada, donde, observemos, no hay ninguna columna que lo pueda ocultar. Esto dará exactamente siete querubines para cada lado, y la misma cantidad al fondo del Lugar Santísimo, y catorce a cada lado y adyacentes a la mitad del velo en el Lugar Santo, en tanto que los dos sobre el propiciatorio se corresponden con los dos en el velo. En ningún caso se da un querubín sobre dos colores a la vez. Además, si el velo mismo se hace compuesto de dos franjas anchas (púrpura y carmesí) para sus dos querubines, respectivamente, con media franja de violeta a cada borde como las otras cortinas de entrada, esto completará el circuito de colores de una manera continuada en su orden uniforme alrededor de los tres lados del Lugar Santo, así como de los del Lugar Santísimo.

Tenemos derecho a contemplar esta maravillosa serie de perfectas coincidencias en la simetría y congruencia del esquema que hemos propuesto para el ajuste de este conjunto de diversas cortinas de la pared, no menos que las de las cortinas uniformes del techo, como demostración de su verdad. Aunque es una propuesta novedosa, a pesar de lo complicada que pueda parecer a primera vista tiene al final que llevar a la convicción a todos los que quieran tomarse el trabajo de examinarla. Cuando el gran Kepler publicó el volumen en el que promulgó sus famosas "leyes" de las proporciones matemáticas existentes entre los movimientos y las distancias de los cuerpos planetarios, que desde entonces han pasado a ser el fundamento de todos los cálculos exactos en astronomía, se dice que pronunció estas memorables palabras: "Bien puedo permitirme esperar hasta siglos, si es necesario, para que surja un lector que quiera apreciar mis teorías, por cuanto Dios ha esperado 6.000 años a que surgiera un observador inteligente de su universo". En este mismo espíritu de reverente confianza, aunque a una escala mucho más humilde, se nos puede permitir, acerca de nuestros descubrimientos con respecto a este artículo de manufactura divina, que también estemos dispuestos a esperar unos cuantos años, si fuere necesario, para que algún estudioso adopte nuestra teoría, por cuanto Moisés ha esperado más de 3.000 años para que surgiera un expositor que explicase de manera congruente su relato inspirado del sagrado tabernáculo.

Por fin hemos llegado a lo más sagrado de todo el recinto interior del tabernáculo, y que sin duda ocupaba el centro exacto del Lugar Santísimo, aunque un lugar diferente en el templo (1 R. 8:8). Esta única pieza de mobiliario era el arca, que probablemente estaba en sentido transversal en el lugar, para exhibir de la mejor manera sus diversas partes, que se describen en Éxodo 25:10-22 y 37:1-9.

El propiciatorio

Con respecto a su construcción, el arca era totalmente semejante a las otras cajas de madera de acacia que acabamos de considerar. Con una longitud de dos y medio codos, uno y medio de anchura y uno y medio de altura (en sus dimensiones externas), recubierta de oro por dentro y por fuera, incluyendo el fondo y la cubierta. Esta última, llamada "el propiciatorio" (heb. *kappóreth*, lit. una *cubierta,* pero no en el sentido figurado de *expiación;* por ello se usa solo de este artículo), era de hecho una *cubierta* extraíble, de las mismas dimensiones que el arca misma, y por ello se demuestra que se cerraba dentro de cornisa-moldura que tenía al igual que las otras cajas, y naturalmente enrasada con ella, en la superficie superior. Estaba igualmente dotada de los mismos accesorios de transporte, en forma de anillos de oro y de barras recubiertas de oro. En este caso encajaban muy justas, sin que debieran sacarse, cosa necesaria en los otros casos debido a que los otros artículos eran usados a diario. Las barras no debían sacarse de los anillos del arca debido a su santidad superior, que prohibía todo manejo innecesario (véase 2 S. 6:6, 7). No había las mismas razones para proveer para una facilidad para circular a su alrededor cuando estaba en reposo, como en el caso de las otras piezas de mobiliario similarmente equipadas. El incensario de oro, con el que entraba el sumo sacerdote solo una vez al año en el Lugar Santísimo, estaba indudablemente colocado sobre esta cubierta.

Los querubines

También sobre esta cubierta, cerca de cada extremo, estaban colocados aquellos dos destacados objetos, los querubines, a los que las Escrituras hacen referencia ocasionalmente. Se mencionan por primera vez en el relato de la expulsión de Adán y Eva del Edén (Gn. 3:24), donde aparecen con el prefijo enfático del artículo (*los* querubines, lo que desafortunadamente no aparece en la versión Reina-Valera), como ya bien conocidos. De hecho debían haberlo sido, especialmente para los israelitas, que estaban familiarizados con la representación de estas figuras en los monumentos egipcios. Los animales alados de las esculturas asirias son también criaturas imaginarias sin duda de un carácter simbólico análogo, pero de una concepción más burda. Nuestra principal información acerca de los querubines bíblicos, además del pasaje que acabamos de mencionar, es la que obtenemos de las visiones de Ezequiel 10 y 40, donde aparecen de manera distinguida, y con unas ciertas alusiones en Isaías 6. Las formas en la narración acerca del Templo de Salomón (1 R. 6:23-29; 2 Cr. 3:10-13) y del Templo de Ezequiel (41:18-20), aunque eran de un tamaño colosal, son sin duda congruentes con las de Éxodo. Los seres vivientes en Apocalipsis (Ap. 4:6-9) son reproducciones de los querubines. Es digno de mención que los grandes querubines del templo, acabados de mencionar, son dos, y que evidentemente se corresponden con los del velo, no con los del arca, que estaba también allí. Los de las paredes del templo eran igualmente representativos de los recamados en las cortinas laterales.

Es una curiosa corroboración de nuestra colocación de los mismos en paneles con un pliegue entre medio que el enmaderado del templo estaba tallado con una alternación de querubines y palmeras (Ez. 41:18), donde las palmeras tomaban el puesto del pliegue, que no podía quedar bien imitado en una talla de madera. Para efecto artístico, la cabeza se gira un poco, para mostrar de una manera adecuada solo dos caras adyacentes; naturalmente, solo se seleccionan las más nobles. La identificación de los "seres vivientes" de Ezequiel con los querubines queda evidenciada por el hecho de que se les representa bajo ambos nombres como sosteniendo el carro triunfal del Todopoderoso (2 S. 22:11; Ez. 1:26; 9:3; 10:1, 4). Unos y otros tenían ruedas relacionadas con ellos (Ez. 1:15; 10:9); sus formas eran totalmente semejantes (Ez. 1:10; 10:14, donde el rostro de buey recibe el nombre de rostro de querubín, porque la figura tenía una pata y pie de buey); y en Ezequiel 10:20 son identificados de manera expresa, Así, en esta sección de nuestra obra tenemos que considerar solo su forma material y su postura, dejando su significado simbólico para un capítulo ulterior.

Las estatuas, porque esto es lo que tenemos en nuestro caso, estaban modeladas a martillo (la misma palabra que se usa en el caso del candelero) en base de láminas de oro puro. Así, eran huecas, no unas figuras talladas y luego recubiertas, como lo eran las de Salomón (1 R. 6:35). Estaban compuestas sin duda de varias piezas, unidas luego como las del candelero. Las figuras mismas estaban fijadas a la cubierta del mismo modo (Éx. 25:19, "con el propiciatorio", lit. *de fuera* de él, esto es, formando permanentemente parte del mismo). Ninguna de las etimologías hebreas que se han propuesto para la palabra *qerub* es satisfactoria. La única suposición hasta cierto punto plausible es que puede tratarse de una transposición de *rekeb* (un vehículo, a saber, para Jehová). Y las lenguas semíticas cognadas no arrojan luz alguna sobre la derivación. Probablemente sea de origen extranjero, quizá egipcio.

Ilustración 26.— Querubines de un santuario egipcio llevados en un barco por sacerdotes

En su forma, los querubines eran sustancialmente humanos, pero tenían la pezuña hendida de un buey. Los pies "derechos" de Ezequiel 1:7 significan la pata derecha o delantera. El mismo versículo nos informa que su color (no solo el de las patas) era de cobre bruñido. Además del rostro del hombre (el frente apropiado) tenían otros tres, los de un león y de un buey en los lados derecho e izquierdo, respectivamente, y el de un águila detrás. Por otra parte, además de manos humanas tenían dos juegos de alas, un par siempre doblado modestamente en sentido oblicuo hacia abajo y adelante alrededor del cuerpo, y el otro usado para el vuelo o para varios y expresivos movimientos o condiciones. La descripción en Ezequiel 1:5-14, donde se les llama *animales,* RV (*jayóth,* RVR "seres vivientes", como los *zoä* de Apocalipsis, RV "animales"; RVR "seres vivientes", algo totalmente diferente de los *jeváh* de Daniel 7 y *theria* de Apocalipsis 13, donde se trata de bestias *feroces,* un símbolo del poder político pagano, como las que aparecen en los monumentos de Asiria), es muy particular, especialmente en los versículos 11 y 12, que literalmente dicen: "y sus rostros y sus alas [estaban] partidos desde como hacia arriba; dos [de las últimas, como se ve por el v. 9] uniéndose, cada una con cada una, y dos cubriendo sus cuerpos. Y cada uno hacia la superficie de su rostro ellos iban; hacia dondequiera que el [esto es, su] espíritu pudiera ir ellos iban; no se volvían alrededor al ir". En otras palabras, estos singulares seres tenían cuatro rostros y cuatro alas cada uno (pero no cuatro cabezas ni cuatro cuerpos). Tanto los rostros como las alas estaban separados en la parte superior de la persona compuesta en dos juegos de dos de cada una; las dos alas superiores se extendían horizontalmente de manera que tocaban las de los seres adyacentes (en forma de un cuadrado hueco), y las dos inferiores se inclinaban diagonalmente hacia la otra sobre la parte central del cuerpo. Como tenían cuatro frentes que miraban en todas direcciones, y todos actuaban por un impulso común, no necesitaban volverse cuando andaban o volaban, sino que se movían de manera inmediata en la dirección del rostro que hacía frente al sentido deseado. En Isaías 6:2-7 tenemos unos seres similares llamados *serafines* (esto es, *ardientes,* por sus cuerpos de color de llama), que tenían seis alas (como en Ap. 4:7, 8), cuatro de ellas para cubrirse el cuerpo, las superiores para cubrirse el rostro, y las inferiores para las partes íntimas. Más adelante tendremos ocasión para referirnos a este pasaje de Ezequiel con más detalle.

Los querubines tenían indudablemente la estatura normal de un hombre (o sea, unos seis pies, 1,80 metros, algo menos que cuatro codos), y siempre se les describe en posición erguida (2 Cr. 3:13). Difieren a este respecto de los que aparecen en los monumentos egipcios, donde aparecen a menudo en postura horizontal, en adoración. En los especímenes bordados en las cortinas laterales hemos supuesto que el par superior o posterior de alas está doblado sobre la espalda y a los lados, en estado de quiescencia, mientras que los que estaban en el velo tenían estas alas extendidas horizontalmente. Los que estaban sobre el arca tenían el mismo par de alas extendidas oblicuamente hacia arriba y adelante en una actitud de sobrevolar o de cubrir (Éx. 25:20, lit., "Y los querubines estarán [permanentemente] expandiendo [como un ave aleteando sobre su nido, Dt. 32:11] sus alas como hacia arriba, rodeando con sus alas sobre la cubierta").[80] Estaban en pie el uno frente al otro, y ambos mirando hacia el

---

80. Toda esta escena queda muy apropiadamente ilustrada por las delineaciones de figuras similares en los monumentos de Egipto (véase Wilkinson, *Ancient Egyptians,* i.267-271), así como de Asiria (Layard, *Babylon and Niniveh,* p. 643). Cualquier objeción a estas representaciones en el sentido de que entraban en conflicto con el segundo mandamiento queda soslayada por la reflexión de que no se trataba de figuras de ningún ser o criatura reales, sino solo de objetos imaginarios.

arca. El simbolismo de estas posturas lo dejamos para más adelante, y aquí solo nos detenemos a observar que estos últimos estaban a un nivel de un codo desde el suelo, lo mismo que los del velo, ambos en posición de vuelo, y al mismo tiempo concordaban con los que estaban en las cortinas como reposando sobre algo.

La Ley

El arca sagrada contenía cuatro artículos, el primero y más importante de los cuales era aquel del que derivaba su designación característica, el "arca del pacto" (o "arca de la ley"), esto es, del pacto de Dios con su pueblo. Eran las dos tablas de piedra sobre las que Jehová había escrito el Decálogo con su propio dedo, después que Moisés las preparase para reemplazar las dos originales que Dios mismo había preparado, pero que Moisés había roto a causa del pecado de idolatría con el "becerro de oro" (Éx. 31:18—34:29; Dt. 9:10—10:5). La única piedra accesible en los alrededores inmediatos del monte Sinaí es el granito rojo brillante del mismo Jebel Mûsa, que está hendido en capas y láminas como por fuego, o el oscuro pórfido de los montes colindantes. En la cumbre del Jebel Mûsa hay una delgada capa de un granito gris compacto, que pudo haber sido el empleado para esto. En todo caso, dos losas de este tamaño, una bajo cada brazo, hubieran sido una carga pesada para que un hombre vigoroso la llevase incluso cuesta abajo. Más adelante ofreceremos algunas estimaciones acerca de este punto.

El segundo artículo que se guardaba en el arca era la copia autógrafa de la Ley, escrita por Moisés y depositada allí (Dt. 31:26). Se supone que era el Pentateuco completo, y se cree que es el mismo que fue posteriormente descubierto en tiempos de Josías (2 R. 22:8). Probablemente había sido sacado de allí, junto con los demás artículos, porque en tiempos de Salomón el arca contenía solo las dos tablas de la ley (1 R. 8:9). Esta dificultad la trata con gran erudición y extensión A. Sennert,[81] en su ensayo acerca del contenido del arca sagrada, en el que llega a la conclusión de que los artículos mencionados fueron guardados originalmente bien *dentro* o *cerca* del santo receptáculo. Él rechaza la opinión rabínica de que se haga referencia a otra arca distinta, en la que se habrían depositado las tablas rotas de la ley dadas originalmente, junto con estas otras reliquias; pero no puede llegar a determinar adónde o por quién fueron finalmente sacadas dichas reliquias.

---

81. Sennert, A., *De iis quae fuerunt in Arca Foederis*, Wittenberg, 1680.

Los otros artículos depositados allí fueron, como sabemos también por Hebreos 9:4, una vasija de oro con el maná providencial (Éx. 16:33, 34), y la milagrosa vara reverdecida de Aarón (Nm. 17:10).

Podemos permitirnos algunos curiosos cálculos con respecto a la idoneidad de las dimensiones del arca para estos fines. Como fue construida originalmente con el principal objeto de guardar y preservar las tablas de la ley, se puede suponer que habría tenido precisamente la longitud y anchura suficientes para alojarlas de forma apropiada. Sin embargo, como eran relativamente delgadas, el arca se hizo con una altura elegante, con lo que dejaba lugar encima de ellas para los otros objetos.

Descendamos a una comparación más detallada. Estas losas de piedra estaban inscritas en ambos lados. Una de ellas contenía, según se cree generalmente, los primeros cinco mandamientos (todos los cuales se relacionan con deberes hacia los superiores [para con Dios, 1-4, para con los padres, 5]), mientras que la otra losa contenía los restantes cinco (todos los cuales tienen que ver con deberes hacia los iguales). Así, esto se corresponde muy de cerca con el sumario que hace el Señor de ellos en dos preceptos. El arca tenía una capacidad interior (si hemos estimado correctamente el grosor de su fondo y lados como los mismos que en el caso de la mesa del pan de la proposición y de altar del incienso, esto es, 1/12 codo) de 2-1/2 codos de longitud, 1-1/2 codo de anchura y 1-5/12 de profundidad. Esto admitiría que las "tablas de la ley" tuvieran cada una 2-1/2 codos de longitud y 1-1/6 de anchura, dando 1/6 de codo en el lado para introducir los dedos para manejarlas, pero sin dar lugar a deslizamientos para el transporte. Estas proporciones, exactamente de dos a uno, sugieren una división transversal, en lugar de la convencional longitudinal, de cada cara de cada losa, lo que da dos columnas, ambas un cuadrado exacto, para la inscripción. Deduciendo un sexto de codo para margen, nos quedan ocho espacios, cada uno de ellos precisamente de un codo de lado, para grabar las únicas palabras que se sabe que el mismo Todopoderoso ha escrito en caracteres humanos. Suponiendo que sean idénticas a las que nos han sido preservadas en las dos copias de los Diez Mandamientos (aunque los pasajes que las transmiten, Éxodo 20:2-17 y Deuteronomio 5:6-21 tienen algunas variaciones verbales, y con respecto a las cuales suponemos que el primero de estos pasajes es la transcripción más exacta), podemos proceder a distribuirlas según el esquema anterior. Hemos contado, con una minuciosidad masorética, la cantidad total de letras hebreas en ambas ediciones (por así decirlo) del Decálogo en el original. Y vemos que son como aparece en la

siguiente tabla, incluyendo la destacable variación en la razón que se atribuye
para la observación del sábado; damos la notación de los versículos como
aparece en la Biblia en castellano, y también los mandamientos de que se trata.

Éxodo 20			Deuteronomio 5		
Mandamiento	Versículo	Letras	Mandamiento	Versículo	Letras
	2	41		6	40
I	3	23	I	7	24
II	4	59	II	8	58
	5	74		9	74
	6	29		10	29
III	7	51	III	11	51
IV	8	18	IV	12	34
	9	24		13	24
	10	74		14	108
	11	87		15	87
V	12	53	V	16	78
VI	13	6	VI	17	6
VII	14	6	VII	18	7
VIII	15	6	VIII	19	7
IX	16	15	IX	20	16
X	17	54	X	21	60

En base de esto se ve que la primera tabla de cinco mandamientos
(incluyendo el versículo introductorio) contendría 533 letras en Éxodo (ó 607
en Deuteronomio), y que la segunda tabla tendría sólo 87 en Éxodo (ó 96 en
Deuteronomio). Esta es una disparidad tan enorme que se tiene que descartar
esta división lógica, por lo que respecta a su distribución en las tablas del
Decálogo. (A juzgar por los MSS. más antiguos y en base de inscripciones aún
más antiguas, los eruditos manifiestan en general su acuerdo en que las palabras
se escribían universalmente sin espacios entre ellas hasta una época
relativamente reciente.)

La única distribución pareja, excepto si se admiten vacíos extensos o espacios
en blanco (suposición muy improbable), parecería ser la de poner los
mandamientos tocantes al sábado y a los padres (que son mandamientos tan
civiles y humanos como un estatuto divino y religioso) en la segunda tabla. De
modo que si añadimos las letras para los mandamientos 1, 2, 3 y 5 para la

primera tabla, encontramos 330 en Éxodo y en Deuteronomio 354. La segunda tabla contendría entonces los mandamientos 4, 6, 7, 8, 9 y 10 con 290 letras en Éxodo y 360 en Deuteronomio. La disparidad es lógica si uno admite que habría espacios en blanco después de cuatro de los cinco últimos mandamientos.

Ahora bien, una losa de mármol ordinario del tamaño anteriormente indicado (digamos para comodidad de comparación y cálculos, cuatro pies de longitud por dos de anchura [1,2 x 0,6 m]), con una sola pulgada de grosor (2,54 cm), pesaría alrededor de ciento dieciocho libras (como 54 kg), como hemos calculado en base de haber realmente pesado un fragmento. Las tablas de la ley no hubieran tenido un grosor menor, o se hubieran roto bajo su propio peso al ser movidas. Es probable que la densidad de la piedra no fuese menor que la del mármol. En base de esta estimación mínima, hubiera sido imposible que una persona llevase dos tablas así montaña arriba por un terreno tan empinado y escabroso, como lo hizo Moisés con el segundo par de tabletas, ni hubiera podido haber asido una de tales dimensiones bajo cada brazo. Por tanto es evidente que su tamaño era de como la mitad, y que por ello estaban pensadas para caber en el arca la una al lado de la otra, o más bien por sus extremos. Esto las reduce a ambas a unos cuadrados de alrededor de 1-1/6 codos, después de deducir un espacio suficiente a los lados para poner los dedos para levantar las tablas cuando fuese necesario, y ello nos deja con un centro disponible o página para la inscripción de exactamente un pie cuadrado, además de un margen apropiado.

Por último, será interesante observar que si este cuadrado interior fuese cubierto de manera uniforme por la inscripción, hubiera habido un espacio cuadrado de más de una pulgada (2,54 cm) de lado para cada letra, dejando un amplio blanco o intervalo entre las líneas. Por tanto, debemos suponer que las palabras estaban dispuestas en diez líneas con alrededor de quince a veinte letras por línea; distribuidas probablemente en párrafos correspondiéndose con los varios mandamientos, y quizá dejando algunas de las líneas cortas, donde las letras en una cláusula fuesen menos o más pequeñas que el promedio.

El perfume

Como accesorios del conjunto sagrado, será apropiado mencionar en este contexto los perfumes empleados exclusivamente para el culto, y para preparar los cuales se dan detalladas instrucciones. Eran de dos clases: uno sólido, el otro líquido.

El incienso,[82] que, como ya hemos visto antes, se quemaba, se elaboraba con partes iguales de cuatro especias fuertes, de las que tres eran gomas aromáticas, a saber, estoraque,[83] uña aromática,[84] gálbano aromático[85] e incienso puro (olíbano),[86] trituradas hasta formar un polvo (Éx. 30:34-36). Algunos escritores judíos añaden a estos ingredientes ciertas proporciones de mirra, casia, nardo, azafrán y sal, y también dicen que lo elaboraba una familia de los levitas designada para este propósito, y en cantidades de 368 *manés*, (alrededor de 825 libras, ó 375 kg), en una estancia determinada del templo. El incienso lo quemaban tres sacerdotes dos veces al día (durante los sacrificios de la mañana y de la tarde) en el altar del incienso (en una era posterior, como aprendemos en el Talmud; pero indudablemente de forma similar al mismo acto que llevaba a cabo el sumo sacerdote una vez al año sobre el propiciatorio, Lv. 16:11, 12), uno de los cuales sacaba el incensario de oro y las cenizas de la ofrenda precedente, otro traía un incensario recién preparado con ascuas encendidas del gran altar, mientras que el tercero realizaba el sahumerio echando sobre las ascuas encendidas pellizcos sucesivos del incienso, del que llevaba un doble puñado en el hueco de su mano izquierda. La densa masa del humo que creaba de inmediato una sustancia tan volátil era rápidamente evacuada por los frontones abiertos de la estancia delantera y por la abertura en la parte superior del frontón de la estancia trasera.

El ungüento,[87] empleado en la consagración del tabernáculo y de sus sacerdotes (y en su momento también en la consagración de reyes), estaba compuesto de mirra y casia, resinas que fluían espontáneamente, 500 siclos (alrededor de 680 libras, ó 309 kg) de cada una, y de canela y cálamo, la mitad de dicha cantidad para cada, con un *hin* (alrededor de 4 litros) de aceite de oliva, cuidadosamente mezclado para formar una pasta (Éx. 30:23-25).

---

82. Heb. *ketóreth has-sammím*, lit. *incienso de los aromas* (RVR, "incienso aromático"), esto es, perfumado, para distinguirlo del sahumerio normal.
83. Heb. *natáf* (RVR, "estacte"), lit. *exudación*, esto es, un destilado como de gotas, una resina; en este caso producto del *Styrax officinale*, un pequeño árbol que se halla en Siria.
84. Heb. *shejéleth*, lit. una *escama* (como una uña de un dedo); la concha del molusco perfumado *Blatta byzantina*, que se encuentra en el Mediterráneo, y que desprende un olor almizclado al quemarse.
85. Heb. *jelbenáh*, lit. algo *graso*, una exudación de varias plantas orientales.
86. Heb. *lebonah*, lit. algo *blanco;* el producto de algunas especies de *boswellia*, que crecen en Arabia y Judea.
87. Éxodo 30:25: "Y harás de ello el aceite de la santa unción; superior ungüento, según el arte del perfumador, será el aceite de la unción santa".

LAS VESTIDURAS SACERDOTALES

La vestimenta del orden sacerdotal, cuando estaban de servicio en los recintos sagrados, estaba prescrita con todo detalle (Éx. 28);[88] pero como no se mencionan zapatos ni sandalias, se puede inferir que los ministros iban todos descalzos, a pesar de la exposición a las inclemencias del tiempo. Esto queda confirmado por el mandamiento de Jehová a Moisés en su primer encuentro en esta región, de que se quitase el calzado de sus pies ante la Presencia Divina (Éx. 3:5).

A los levitas, al ser personas no consagradas, no se les habían asignado ropajes canónicos. Por ello, llevaban la vestimenta habitual de los varones orientales hasta en la actualidad. Básicamente, se compone de las siguientes piezas, omitiéndose las *sandalias* para los pies, por las razones ya expuestas más arriba.

En primer lugar había una prenda interior o *camisa*, generalmente sin mangas, suelta y que caía hasta casi las rodillas. Era de lino blanco (en la actualidad de algodón, a menudo coloreado), y con frecuencia es la única prenda que lleva su dueño cuando está trabajando. Aparecer con esta vestimenta en cualquier otra condición se consideraba como un estado de virtual desnudez (véase ilustración 30). En el caso de los levitas podemos suponer que su vestimenta era algo mejor que la del tipo más inferior. Sin embargo, sin duda seguía consistiendo (básicamente como los calzones que se describen más adelante, pero plegados en sentido vertical) de una sola pieza de ropa de alrededor de un metro de anchura y dos metros de longitud, doblada por la parte superior (donde se hace una abertura para el cuello), y cosida por los lados, excepto por una abertura en la parte superior para los brazos, que quedaban cubiertos hasta el codo por los pliegues sueltos en las esquinas. Este vestido se sujetaba al cuerpo por el medio mediante una *faja,* un artículo esencial del vestido, que servía para formar un bolsillo en el seno y para ceñir los faldones cuando se corría, etc. (Véase ilustración 31.) Luego, en el caso de personas bien vestidas, venía una prenda exterior o *manto,* que entre los pobres era frecuentemente una simple pieza de tela (de lino o lana, coloreada o cruda, según las circunstancias), echada suelta sobre los hombros como un chal, y colgando hasta casi los pies. En las clases más respetables adoptaba

---

88. Las instrucciones, como es usual en la narración sagrada, comienzan con el objeto central, que aquí es el efod inspirado; pero lo más apropiado para nosotros es seguir el orden opuesto.

frecuentemente la forma de sayo con mangas, especialmente cuando se aparecía en público sin ninguna otra prenda. Además de estos artículos estaba el *turbante*, una pieza cuadrada de un tejido fino (naturalmente, en aquellos tiempos de lino), doblada diagonalmente, y envuelta diestramente alrededor de la cabeza, con sus extremos recogidos dentro (véase ilustración 33). En último lugar, un *capote* para el mal tiempo, que era un mantón grueso de lana, con una abertura para el cuello, y que envolvía todo el cuerpo. En ocasiones festivas, o en determinadas circunstancias, se cambiaban por prendas nuevas, limpias y de colores brillantes, de la misma clase, o, entre las clases superiores, se empleaban otras prendas más elaboradas, acompañadas de ornamentos, principalmente joyas, como brazaletes, aros tobilleros, etc. Incluso los varones orientales no desdeñaban estas galas. Podemos pensar que los levitas, como otros seglares, iban adornados con algo de este estilo superior mientras ministraban ("en la hermosura de la santidad", lit., *en el ornamento de santidad,* esto es, en atavío festivo, 1 Cr. 16:29; 2 Cr. 20:21. Sal. 29:2; 96:9). Las ilustraciones, tomadas de fotografías de nativos del desierto (Ilustraciones 27, 28), son probablemente unas representaciones de la vestimenta de calle de los hebreos seglares, de las clases inferiores y superiores, respectivamente, en el período del Éxodo.

Ilustración 27.— Un *fellah,* o campesino   Ilustración 28.— Un jeque beduino

En el caso de todos los sacerdotes, sin embargo, se había prescrito una vestimenta o "uniforme" peculiar en tanto que estuviesen sirviendo oficialmente en el santuario, aunque, naturalmente, en otras ocasiones y lugares llevaban la vestimenta normal de los seglares. Esta vestimenta se describe en Éxodo 28:40-43 y 29:8, 9, y se componía fundamentalmente de cuatro artículos, en los que podemos reconocer con facilidad los elementos más esenciales de la vestimenta oriental, con una nota adicional. Esto parece que era todo lo que los sacerdotes ordinarios tenían que vestir, mientras que el sumo sacerdote debía llevar ciertos artículos peculiares y adiciones. En el caso del común de los sacerdotes servía como distinción respecto a la vestimenta seglar y también de la de los levitas, que era de un estilo más ornamental (RVR, lit. "para honra y hermosura", siendo esta última palabra la misma que hemos traducido antes "ornamento", pero que aquí se realza con un término más intenso como un adjetivo, esto es, un "ornamento honorífico" o insignia oficial).

Los calzoncillos o pantalones

En primer lugar había un par de calzoncillos[89] de lino, que se llevaban para decencia (como se dice de forma expresa). Estos, según lo comprendemos, no tenían la forma occidental del pantalón, sino la de la cubierta externa para un moderno intérprete u otra persona elegante, que consistía sencillamente de una sola pieza de tejido de lino, pero fino y de un color natural. En el caso de los sacerdotes ordinarios, era de alrededor de dos metros de longitud y uno de anchura, doblada transversalmente en una bolsa cuadrada, y cosida por un lado y por el fondo. Con la parte superior del orillo abierta de modo que se pueda apretar con un cordón alrededor de la cintura, y con un orificio en cada esquina del fondo para las piernas, podían recogerse con un cordón similar en la parte superior de la pantorrilla como una liga (véase ilustración 29). Es una prenda suelta y fresca, y aunque es algo desmañada (porque la anchura cuelga en pliegues entre las piernas y se estira al andar), sin embargo no carece de empaque, y presenta un medio decente entre la camisola y el pantalón. El común

89. Heb. solo en forma dual, *miknesáyim,* lit. *dobles envolturas* (RVR "calzoncillos"), término que se emplea sólo de esta prenda, que parece haber sido ideada para este propósito, porque los nómadas orientales, lo mismo que los campesinos, no la emplean. Llegaba "desde los lomos hasta los muslos", lo que significaba que cubría enteramente todas estas partes, esto es, llegaba hasta la rodilla y necesariamente por debajo de las mismas para atarla con seguridad y comodidad. Las piernas, lo mismo que los pies, quedaban sin duda a descubierto.

de la gente, que de otro modo va totalmente desnuda mientras trabaja en los campos abiertos, especialmente en el sofocante clima de Egipto, lleva, en lugar de esto, un simple taparrabos.[90]

Ilustración 29.— Calzones orientales para un personaje distinguido

Ilustración 30.— Camisa oriental

La túnica

Luego venía la túnica,[91] bien de lino crudo o de lana, dependiendo de la época del año (sencilla para los sacerdotes ordinarios), no larga, porque indudablemente estaba recogida adentro de los calzones, como una camisa, y

90. La descripción de la vestimenta oriental en la obra de Lane, *Modern Egyptians,* I, 39, es detallada, pero demasiado elaborada para ajustarse a la de los israelitas, al estar muy afectada por las influencias turcas y europeas. Lo mismo sucede con la mayoría de las descripciones modernas de los trajes de Siria y de Asia Menor. La antigua vestimenta hebrea, especialmente en la época del Éxodo, se aproximaba más al actual del beduino, que nunca ha cambiado de manera sustancial. La descripción que tenemos en el Cantar de los Cantares 5:11-15 es naturalmente la de un vestido no usual, de bodas. La extrema sencillez de los principales vestidos orientales hacía que pudiesen ajustarse a cualquier persona casi sin distinciones (Jue. 14:19; Mt. 22:11).
91. Heb. *kethóneth,* lit. un *cubridor,* RVR "túnica", siempre la prenda adyacente a la piel; como en Gn. 3:21. Cuando llegaba a los tobillos, como un sayo, se distinguía de manera apropiada con el calificativo *passim* (lit. de los *pasos,* esto es, pies, RVR "de diversos colores", Gn. 37:3. 2 S. 13:18). El vestido de los varones orientales es mucho más corto que el de los occidentales. Debemos estar constantemente en guardia en contra de copiar modas europeas al hacer nuestras descripciones de este asunto. Para los antiguos, el requisito principal era la libertad de movimientos, e incluso la desnudez parcial era poco importante, especialmente en las ocupaciones ordinarias.

con mangas, aunque no se hace alusión a ellas en las Escrituras, y aunque las declaraciones de Josefo y de los rabinos sean demasiado tardías para este período, y que es evidentemente la ropa interior común de los orientales del tiempo presente, como se ha descrito antes (véase ilustración 30).

La faja

En medio, donde se encontraban las anteriores prendas, y cubriendo su unión, estaba la *faja*,[92] que era una ancha banda de tejido de lana, usualmente de color brillante. En el caso de los sacerdotes ordinarios, era de al menos dos yardas (casi dos metros) de longitud, envuelta como faja alrededor de la cintura, y atada en el frente, con los extremos colgando como flecos (véase ilustración 31). La faja del sumo sacerdote era bastante diferente.

Ilustración 31.—Faja oriental (extendida)

El bonete

Coronando la figura, y completando las vestiduras sacerdotales, aparece el *bonete* (una vez más, no se prescribe el material), para el que se emplea un término diferente[93] en el caso de los sacerdotes ordinarios con respecto al sumo sacerdote. En ausencia de todos los detalles distintivos, se nos deja al sentido meramente etimológico de la palabra, con alguna ayuda de las costumbres de los orientales antiguos y modernos. Por ello, aventuramos la conjetura de que el tocado común de los sacerdotes era el simple casquete que llevan en la actualidad los musulmanes sirios día y noche (que naturalmente cambian con frecuencia), por cuanto generalmente llevan la cabeza afeitada. Pero parece que los hebreos conservaban plenamente su cabello, y que en sus ocupaciones

---

92. Heb. *abnét*, lit. una *banda* (RVR "cinto"), un término extranjero, usado solo de este artículo sacerdotal, y de ahí transferido a la faja de un hombre principal (Is. 22:21). Así, no se trataba del cinto normal (heb. *jagór*, un *ligador*, f. *jagoráth*, que es el término generalmente traducido "cinto" en la RVR).
93. Heb. *migbëáh*, lit. algo *arqueado*, RVR "tiara".

normales prescindían de los tocados (véase ilustración 32). Pero suponemos que cuando estaban muy expuestos a los rigores del clima, llevaban algo semejante al *kefîyeh* de los beduinos en el caso de los hombres, y al *velo* en el caso de las mujeres. Ambas prendas no son más que una pieza cuadrada de tejido echada sobre la cabeza y colgando sobre los hombros; los hombres usan generalmente colores alegres, y los sujetan mediante una cuerda alrededor de la cabeza (véase ilustración 28). Si estamos en lo cierto, el bonete sacerdotal estaba hecho para ajustarse a la cabeza, y encontraremos una cierta confirmación a ello cuando consideremos el tocado del sumo sacerdote.

Ilustración 32.— Gorro oriental

Así, trataremos acerca de los distintivos del sumo sacerdote en el mismo orden, observando primero que todos los artículos tratados hasta ahora están asimismo presentes en una u otra forma en la vestimenta del sumo sacerdote, y que los calzones, la camisa y el tocado quedan sin cambios excepto por lo que respecta al color y al grosor del tejido. En Éxodo 39:27-29 se dice que las camisas y los tocados eran de lino blanqueado, y que los calzones eran de lino torcido de la misma clase, "para Aarón y para sus hijos". Del hecho de que se enumeren diversos artículos en esta misma lista que se asignaban solo al sumo sacerdote, parece que la adición "y para sus hijos" designa solo a los futuros sumos sacerdotes (como en 28:4), no a los sacerdotes ordinarios, para los que en consecuencia estas prendas de vestir se describen en otro lugar (28:40-43) como simplemente de "lino", esto es, del material sin blanquear. La túnica se describe como "bordada",[94] esto es, dispuesta en bloques regulares mediante

---

94. Heb. en la conjugación intensiva, *shibbéts, entretejer* (RVR, "bordarás"), que se usa solo aquí y del arreglo reticulado de una piedra preciosa (Éx. 28:20), además del nombre derivado *tashbéts* (RVR, "bordada"), aplicada asimismo solo a esta túnica. El material se describe de manera explícita como compuesto totalmente de material *blanqueado* ("lino fino", v. 39),

bandas de hilos de lino más grueso (de dos hebras torcidas) y blanqueado tanto en la urdimbre como en la trama a intervalos regulares entre los hilos (de una sola hebra) de la base de lino blanqueado (porque era todo aun de un mismo color y material), como la "muselina a cuadros" de nuestros días. La faja era bordada con labor de aguja, con un diseño de fantasía, suponemos, y probablemente uniforme, porque no se menciona ninguna figura, y, si era un diseño con una pauta de regularidad, quedaría distorsionada por los pliegues y el nudo. El bonete del sacerdote es sustituido por un turbante regular,[95] que aunque es también de lino blanco simple, se distinguía así del tocado sencillo del sacerdote ordinario (véase ilustración 33). Posiblemente, la descripción que hace Josefo de la vestimenta del sumo sacerdote representa con alguna precisión las modas fantasiosas de su propia época. La mitra es especialmente ornamental, pero no disfraza del todo la forma más simple de los tiempos antiguos, como ya hemos explicado. Su forma triple se debe probablemente a la adición de la diadema por parte de los príncipes asmoneos, a semejanza de la corona papal.

Ilustración 33.— Turbante oriental

El tocado

Tenemos una singular adición a este tocado del sumo sacerdote, una lámina de oro[96] atada con un cordón violeta,[97] indudablemente pasándolo por un

---

en distinción al color natural del lino *crudo* (simplemente "lino", v. 42) de los pantalones. Es difícil que se conociera en época tan temprana el arte del tejido moteado, diseñado a cuadros, o damasquinado, que es un diseño estampado, pero ambos sin cambio de materiales ni colores, siendo el primero blanco y el segundo carmesí, o que se emplease bajo estas circunstancias, porque exige un proceso extra de *tela cruzada* que va diagonalmente. El cruzado de bandas o listas más anchas que una o dos de las gruesas hebras de lino "torcido" doble hubiera causado un incómodo reborde.

95. Heb. *mitsnéfeth,* un *arrollamiento* (RVR, "mitra"), que se usa solo de este artículo del sumo sacerdote y una vez (Ez. 21:26) de la "tiara" de un príncipe; la forma más simple *tsaníf* se emplea de manera indiscriminada ("mitra", Zac. 3:5; "diadema", Job 29:14; Is. 62:3; gasas, Is. 3:23), y el correspondiente verbo *tsanáf,* aplicado a convoluciones (Is. 22:18), así como a este tocado (Lv. 16:4). Hemos evitado todas las complicaciones innecesarias.

96. Heb. *tsits,* lit. una *rutilación,* esto es, una "lámina" o banda delgada y estrecha.

97. Heb. *pethíl,* lit. un *retorcimiento,* un *hilo* (RVR, "cordón").

orificio en cada extremo y rodeando la cabeza, exhibiendo en la parte frontal el lema grabado, en los antiguos caracteres hebreos: Santidad a Jehová, esto es, consagrado a su exclusivo servicio. Como los antiguos escritores judíos no son unánimes acerca de la anchura de esta lámina de oro, ni acerca de si la inscripción estaba en una o dos líneas, hemos consultado la referencia tocante a esto mismo y la sensibilidad de los arqueólogos en esta cuestión. Josefo afirma que la lámina sumosacerdotal hecha en tiempos de Salomón seguía existiendo en su propia época.[98] En tal caso, es probable que formase parte del botín de Jerusalén exhibido en el triunfo de Tito y finalmente depositado en el Templo de la Paz en Roma.[99] Orígenes, en cambio, asevera que era el original de Aarón, y que seguía existiendo en su época. Además, afirma que estaba inscrito en caracteres samaritanos, con lo que se refiere, naturalmente, al antiguo alfabeto hebreo.[100]

El manto

Pasando a la vestimenta peculiar del sumo sacerdote en contraste con sus subalternos, tenemos un *manto*,[101] que era simplemente otra túnica de diseño más sencillo y sin mangas. Al ser su forma ya descrita como la de una camisa oriental ordinaria, el orillo estaba simplemente cosido junto para formar los lados, con aberturas para los brazos. La abertura en el pliegue de la parte superior tenía un borde tejido (como el cuello de un coselete, RVR), para impedir que se deshiciese o desgarrase. El texto es muy explícito (Éx. 28:31, 32), literalmente: "Harás el manto del efod todo de violeta; y habrá una boca [esto es, una abertura] de su cabeza [esto es, por arriba] en su medio: un labio [esto es, un orillo o borde tejido], como la boca de un coselete, habrá en ella; no se romperá". En otras palabras, tenía que ser una pieza única de tejido, con una abertura para el cuello en la fábrica. Esto solo se podía conseguir, en el sencillo telar de aquellos tiempos, partiendo los hilos tanto de la urdimbre como de la trama alrededor de un cilindro que se insertaba para ello, y que se sujetaban en su sitio mediante unas puntadas dobles sobrehiladas que se cruzaban entre

---

98. Josefo, *Antigüedades de los judíos*, VIII.iii.6.

99. Josefo, *Guerras de los judíos*, VII.v.7.

100. Nota de William Whiston en Josefo, *Antiquities of the Jews* [Antigüedades de los judíos], III.vii.6, edición de Whiston en inglés.

101. Heb. *mëïl*, lit. un vestido *superior* (esto es, exterior), que se aplica a cualquier pieza de vestimenta en general, a veces "túnica" o "traje" en RVR.

sí en direcciones opuestas. No debía coserse, pero naturalmente tenía un fondo con dobladillo (v. 33) y una costura al lado, con un espacio abierto para dejar pasar el brazo. El manto sin costura de tiempos posteriores era una *túnica* (cp. Jn. 19:23).

El manto debía ser todo de violeta, de ahí que era de lana tanto en la urdimbre como en la trama. Llegaba probablemente hasta la rodilla. El dobladillo del fondo iba decorado con un fleco con campanillas (probablemente cascabeles) de oro y granadas artificiales (borlas) de hebras de lana con los tres colores sagrados, violeta, púrpura y carmesí (suponemos que no mezclados, sino que había una de cada color en sucesión regular, como las franjas de las cortinas). Las campanas o cascabeles tenían la función de advertir de la proximidad del sacerdote para que nadie impuro entrase en contacto con él, lo que le podría exponer a una visitación divina por entrar en sus deberes en tal condición, aunque fuese de manera inconsciente. Las borlas de lana tenían el propósito de añadir variedad. Como no se expresa su cantidad, podemos conjeturar que colgaban de un hilo de oro o de seda a una distancia de un sexto de codo entre sí, lo que daría un total de quizá doce campanillas y otras tantas borlas, cuatro de cada color. Las declaraciones rabínicas acerca de setenta y dos campanillas en el manto del sumo sacerdote y de que era tejido sin costura[102] tienen que ver con costumbres introducidas en una época posterior a la que nos ocupa. No sigue de las alusiones en Apocalipsis 1:13 y 16:6 que el cinto del sumo sacerdote cayese un poco por debajo de las axilas, porque en tal caso la parte inferior del pectoral no podría haberse sujetado al mismo, como tampoco que el manto le llegase a los pies, porque es evidente que no era así.[103] Estas dos últimas características, en el caso de un funcionario activo, hubieran sido excesivas, desproporcionadas e inconvenientes. Derivan de la descripción de Josefo,[104] pero no quedan justificadas por el lenguaje del texto sagrado como pertenecientes a los hábitos originales del sumo sacerdote.

---

102. Edersheim, *El templo y sus servicios*, p. 70.
103. *Loc. cit.*
104. Josefo, *Antigüedades de los judíos*, III.vii.2.

Ilustración 34.— Antiguo sumo
sacerdote egipcio (con calzones a modo
delantal, efod de piel de leopardo, vasija
para la libación, e incensario).

Ilustración 35.— El efod, desplegado

El efod

Inmediatamente por encima de este artículo de vestido (y por ello llamado
"el manto del efod") se encontraba el principal distintivo del rango del sumo
sacerdote, llamado el *efod* (su nombre hebreo significa un cinto o faja, pero no
es el nombre comúnmente usado para este artículo). Estaba hecho del mismo
material que el velo, con bandas tricolores de lana sobre una base de lino torcido
de doble hebra, bordado con figuras en oro (delgadas láminas cortadas en
finas bandas y que se usaba como hilo, Éx. 39:13). Se componía de dos
hombreras,[105] cosidas por los bordes brutos en una costura.[106] Cada una era de

---

105. Heb. sing. *kathéf*, lit. una proyección *lateral*, que designa la *parte superior* o lomo del hombro,
    en contraste con la parte posterior, u omoplato, para el que se emplea una palabra diferente.
106. Los términos hebreos son los mismos que hemos expuesto al tratar de las cortinas del
    tabernáculo, y que se emplean con tanto cuidado en estos sentidos. El efod no era una
    pieza simple, a diferencia del manto sobre el que se llevaba, sino que se hacía unir en la
    parte superior (los lados abiertos formaban naturalmente el orillo recto), porque esta prenda
    tenía que ajustar bien con la pendiente de los hombros, debido a que tenía que sostener
    diversos artículos.

alrededor de un codo de anchura por uno y medio de longitud, y colgaba del cuello (donde naturalmente había un orificio anudado), una sobre el pecho y la otra sobre la espalda, y llegaban hasta la cintura. Iban fijadas, sin duda en la parte inferior, mediante una correa a modo de cinto[107] (una a cada lado, naturalmente), hecha de los mismos materiales que el efod (sus extremos atados con un nudo de lazo en la cadera). En la costura superior, en el centro de la pendiente del hombro, había cosidos dos broches, uno a cada lado, cada uno de ónice,[108] lo suficientemente grande (quizá de 1/12 de codo de lado) para contener grabadas las letras de seis de los nombres de los doce hijos de Israel, comenzando probablemente con el del hombro derecho, y dispuestos, podemos suponer por analogía con los panes de la proposición, en una sola columna. El más largo de estos nombres (supondremos que por orden de nacimiento, esto es, Rubén, Simeón, Leví, Judá, Dan, Neftalí, Gad, Isacar, Aser, Zabulón, José, Benjamín) es, en hebreo, *Benjamín*, que tiene seis letras (mostrando que nuestra disposición produciría un cuadrado). Si los nombres se exhibían por separado y no se escriben juntos, como sucede frecuentemente en viejos MSS e inscripciones, nuestra estimación permitiría para cada letra un espacio de 1/72 codo (alrededor de 1/3 de pulgada = 8,5 mm). La piedra estaba engastada en una placa reticulada de oro[109] cosida por los intersticios en la prenda, a la cual iba unida una cadena de oro trenzado (lit., *eslabones ... trenzados ... cordones;* RVR: "cordones de oro fino, los cuales harás en forma de trenza; y fijarás los cordones de forma de trenza en los engastes"), para unirla al pectoral, como se explica más adelante.

---

107. Heb. *jésed appudathó,* lit. "tirante de su cinto", siendo este último término de la misma raíz que el *efod.*

108. Heb. *shóham,* de derivación imprecisa, y que designa una clase de piedra preciosa, pero desde luego no el *diamante,* que no puede ser grabado y es demasiado pequeño y costoso. Era la misma que la undécima piedra en el pectoral.

109. Heb. *mishbétseth,* una *textura* mediante bordado (Sal. 45:13, "brocado"), y de ahí un engaste de malla para una piedra preciosa. El término hebreo que se emplea aquí acerca del modo de inserción, *musabbóth* (RVR, "engastes"), aunque originalmente el plural femenino de un participio pasivo que significa *girado del otro lado,* se emplea constantemente como nombre, con el sentido de *inversión.* Por tanto, siempre se encuentra delante de la palabra a la que califica en la construcción, y no después como lo haría un adjetivo. Así, tendríamos que traducir: "Inversiones de engastes de oro los harás"; y en Éxodo 39:6, "inversiones de engastes de oro"; en 39:13, "inversiones de engastes de oro en sus encastres". Del mismo modo, en Ezequiel 41:24 (RVR, "dos hojas que giraban"), debemos traducir "dos pliegues de hojas"; y en la única otra aparición de este término (Nm. 32:38, RVR, "mudados los nombres"), no hay otra traducción gramaticalmente posible que parentéticamente "transmutación de nombres".

3. Zabulón	2. Isacar	1. Judá
6. Gad	5. Simeón	4. Rubén
9. Benjamín	8. Manasés	7. Efraín
12. Neftalí	11. Aser	10. Dan

El pectoral

El *pectoral*, que era la gloria suprema de los hábitos del sumo sacerdote, y el más sagrado talismán de su cargo, es designado como un *cintilación* (debido a su oro brillante y a sus resplandecientes piedras).[110] Materialmente, era una bolsa de los mismos materiales que el efod, de un palmo (o medio codo, esto es, alrededor de diez pulgadas = 24 cm) de lado, cuando estaba doblado por el fondo y cosido por los lados. La cara (o capa exterior) tenía encima (aparentemente cosidas como un tachonamiento, a intervalos regulares, pero probablemente muy cercanas, de modo que se ajustaban al contorno de la persona) unas placas de oro, sin duda del mismo estilo general que las que estaban en los hombros, en las que había engastadas unas piedras preciosas en cuatro hileras, grabadas cada una de ellas con un nombre de las doce tribus de Israel. Suponemos que los nombres aparecían en el orden convencional de acampada (donde aparece la misma división de 4 x 3), como en el siguiente diagrama, sin duda en tres columnas de cuatro nombres cada una, como lo exige la simetría del espacio, y como lo significaría una "hilera" para leer (pero no en otros casos). Como solo había un nombre por piedra, habría sitio para letras mucho mayores que las de los broches de los hombros. Son pocos los nombres de las piedras cuyo equivalente moderno se conoce con certidumbre (cp. la lista similar de Ap. 21:19, 20). La siguiente tabla los identifica de manera tan ajustada como nos es posible:

---

110. Heb. *jóshen*, lit., parece, porque esta raíz no se encuentra en ninguna otra palabra, un *centelleo* (RVR, "pectoral"), término que se usa solo de este ornamento en particular; a menudo con el calificativo adicional "del juicio", porque por medio del mismo se obtenían decisiones oraculares.

Hilera	Orden	Traducción de la RVR	Nombre hebreo	Nombre moderno	Color probable
I.	1.	piedra sárdica	*ódem*	calcedonia roja	clara rojo claro
	2.	topacio	*pitdáh*	crisólito	amarillo brillante
	3.	carbunclo	*baréketh*	esmeralda	verde hierba
II.	4.	esmeralda	*nófek*	granate	rojo oscuro
	5.	zafiro	*sappír*	lapislázuli	azul intenso
	6.	diamante	*yahalom*	calcedonia	rosa
III.	7.	jacinto	*léshem*	jacinto	anteado
	8.	ágata	*shebó*	ágata	bandas rojas
	9.	amatista	*ajlamáh*	amatista	purpúreo
IV.	10.	berilo	*tarshísh*	topacio	amarillo mate
	11.	ónice	*shóham*	berilo	verde pálido
	12.	jaspe	*yasheféth*	jaspe	gris blancuzco

El "pectoral" entero era fijado sobre el efod mediante unas fijaciones que se describen de forma detallada y algo prolija. En Éxodo 28:22-28, como observará el lector, tenemos tres términos que se aplican cuidadosamente a los diferentes aspectos de una pieza de tejido, precisamente en conformidad con el significado que hemos ya señalado con anterioridad, aunque se confunden en traducciones como la versión autorizada inglesa: *éber* es la *superficie* (como en el caso de las tablas de la ley), *safá* es el *orillo* libre, y *katsáh* es un extremo doblado (o al menos cosido). Las demás expresiones en esta descripción son también como se acaban de explicar. Para clarificar, traducimos en forma literal todo el último párrafo, con interpolaciones explicativas entre corchetes:

v. 22. "Y harás sobre el pectoral cadenas trenzadas [esto es, eslabones torcidos o doblados de modo que todos queden planos], obra de cordón [esto es, eslabones de alambre redondo], oro puro".

v. 23. "Y harás sobre el pectoral dos anillos de oro; y pondrás dos anillos sobre los dos extremos [*katsáh* (esto es, orillo superior o dobladillo)] del pectoral".

v. 24. "Y pondrás los dos cordones [esto es, cadenas] de oro sobre los dos anillos hacia los extremos [*katsáh*] del pectoral".

v. 25. "Y los dos [otros] extremos [*katsáh* (esto es, los eslabones del final carentes de gancho)] de los dos cordones [esto es, de las cadenas de oro (es decir, las anteriormente mencionadas, v. 14)] los pondrás sobre las dos intertexturas [esto es, encastres reticulados], y [así los] pondrás sobre los hombros [esto es, lados] del efod, hacia el frente de su cara [(la misma expresión que se usa acerca del solapamiento del frontón del lienzo del techo), es decir, a través de su misma cara]".

v. 26. "Y harás dos [otros] anillos de oro, y los pondrás sobre los dos extremos [*katsáh* (esto es, bordes inferiores, pero aún cosidos, porque los dos orillos están allí cosidos entre sí)] del pectoral, sobre sus orillos [*safáh*, esto es, todavía los tales, aunque con dobladillo], que [están] hacia la superficie [*éber*] del efod hacia adentro [esto es, yaciendo cerca sobre el efod debajo, y nunca sobresaliendo del mismo, como sucede con las esquinas superiores, cuando se abre la boca de la bolsa]".

v. 27. "Y harás [también] dos anillos [correspondientes] de oro, y los pondrás sobre los dos hombros [esto es, lados] del efod, hacia abajo [esto es, cerca del fondo], desde el frente de su cara [esto es, en su misma cara], a las conjunciones de [esto es, opuestas a] su unión [mediante puntadas a la correa], desde arriba respecto a [esto es, cerca de la parte superior de] la correa del efod".

v. 28. "Y ellos [esto es, los artesanos o tejedores] atarán el pectoral desde [esto es, mediante] sus anillos [inferiores] hacia [esto es, a] los anillos del efod con una hebra de [lana] violeta, [de modo] que quede sobre la correa del efod; y el pectoral no será extraído de encima del efod".

Ilustración 36.— Cadena torcida

Resumiremos diciendo que el pectoral tenía un anillo de oro en cada una de sus esquinas. Los dos de la parte superior estaban fijados al efod mediante una continuación de las cadenas torcidas ya unidas a los broches del hombro (donde parece que, como solía ser, el gancho estaba en el extremo de la cadena superior para introducir cualquier eslabón que conviniese de la cadena inferior). Los anillos del fondo se ataban mediante un cordón violeta a anillos insertados en el efod en el punto donde las correas derivaban. Estas cuatro fijaciones (las superiores más fuertes, al soportar el peso) se extenderían diagonalmente y mantendrían el pectoral extendido y sin embargo cerrado, en medio del pecho.

El Urim y Tumim

Por último, la sagrada bolsa así colgada sobre el corazón mismo del sumo sacerdote, donde estaría a salvo de forma inviolable, y al mismo tiempo accesible de modo inmediato, estaba destinada —de un modo análogo (como veremos en su momento de manera más plena) al arca en el recinto más interior del Santuario— como lugar de depósito para la más inapreciable bendición de Dios a sus caídos y errantes hijos como manera de conocer su voluntad. Los instrumentos físicos de esta forma de comunicación divina eran los célebres *Urim y Tumim,* términos hebreos que han puesto a prueba la erudición y el ingenio de los intérpretes, y ello con menos resultados satisfactorios, parece, que en cualquier otra parte de todos los componentes del tabernáculo. Lo que sigue es un sumario condensado de toda la información positiva que la filología y las Escrituras proporcionan acerca de este tema tan difícil pero también tan interesante. Ni Josefo ni los rabinos parecen haber tenido acceso a ninguna otra información adicional, mientras que las conjeturas de los modernos escritores son generalmente peor que estériles.

Las palabras "el Urim y el Tumim" no son nombres propios. "Urim" es sencillamente el plural de *ûr,* que se usa ocasionalmente en forma singular para denotar *luz* (como sucede con su congénere *ôr* constantemente) en el sentido de *llama* (Is. 31:9; 44:16; 47:14; 50:11; Ez. 5:2; porque es meramente el infinitivo del verbo común que denota *brillar*), y para designar a Ur, el lugar natal de Abraham; mientras que el plural (aparte del uso distintivo que consideramos aquí, y que aparece *en solitario* en Nm. 27:21, 1 S. 28:6; y en otros pasajes en la frase *compuesta,* Éx. 28:30; Lv. 8:8; Dt. 33:8; Esd. 2:63; Neh. 7:65) se emplea para denotar la región de luces, esto es, Oriente (Is. 24:15, RVR, "valles"). Igualmente, "Tumim" es solo la forma plural de *tÙm,* que significa *perfección,* y que generalmente se traduce en su forma singular como "integridad" (Gn. 20:5, 6; 1 R. 9:4; Sal. 7:8; 25:21; 26:1, 11; 41:12; 78:72; Pr. 19:1; 20:7), "rectitud", "recto" o "rectamente" (Job 4:6; Pr. 2:7; 10:9, 29; 13:6; 28:6), "perfecto" o "perfección" (Sal. 101:2; Is. 47:9); "simplicidad" (2 S. 15:11), "lleno" (Job 21:23), "a la ventura" (1 R. 22:34; 2 Cr. 18:33), pero en forma plural solo en conexión con el Urim. La forma plural de ambas palabras no implica necesariamente que hubiera muchos de cada clase de objeto, ni siquiera que se tratase de dos artículos distintos; más bien, en base de un modismo hebreo frecuente, estas peculiaridades de la frase expresan lo que sigue: el plural, énfasis o cantidad; y la duplicación, atribución o cualidad. Así, una traducción libre sería *plenitud* de luz en cuanto a cantidad, y *perfección* en cuanto a cualidad, esto es, una iluminación total; en la moderna terminología, un *oráculo claro,* en contraste con las vagas y ambiguas insinuaciones procedentes de otras fuentes, tanto si se trataba de santuarios paganos como de augurios providenciales, o incluso de vaticinios inspirados, del tipo que habían sido el único recurso de previas edades y de otras naciones.

En cuanto a la aplicación real de estos instrumentos para predecir acontecimientos, descubrimos varios hechos significativos. El objeto en cuestión era pequeño, ligero y no frágil a fin de poderlo llevar cómodamente en la bolsa del pectoral. Este objeto (o su equivalente) era duplicado libremente en la familia del sumo sacerdote (1 S. 22:18), pero solo el sumo sacerdote en funciones tenía la prerrogativa de consultarlo (1 S. 23:2, 4, 6). El secreto de su consulta fue finalmente perdido incluso para la jerarquía (Esd. 2:63). Las preguntas que se le hacían eran categóricas, y las respuestas eran igualmente explícitas, aunque no siempre en sentido de una afirmación o negación simples (1 S. 23:9-12; 2 S. 5:23, 24); y a veces rehusaba responder (1 S. 28:6). Todo esto implica un aparato material, una consulta pública y una respuesta palpable, bien por señales visibles o audibles. Esto excluye de inmediato todas las teorías de manejos sacerdotales, de adivinación o de prestidigitación, sino que vemos en todo ello una indicación de un verdadero acontecimiento sobrenatural que ningún mortal podría descubrir ni predecir por sí mismo. Aparte de esto, nada se conoce, y no vale la pena dar ni una reseña de las especulaciones de los eruditos.

Sin entrar en detalles acerca de las imposibles especulaciones acerca de este misterioso asunto, podemos decir de cierto que estos términos denotan algún medio de respuesta oracular, acerca de cuestiones de trascendencia pública, dadas por Jehová a través del sumo sacerdote. La forma en que se introducen ("*el* Urim y *el* Tumim", lo mismo que "*los* querubines", en su primera mención), pero sin dar explicación alguna, demuestra que eran cosas bien conocidas ya para los israelitas. Esto añade fuerza a la presunción, confirmada por un examen de los monumentos, de que eran los originales en base de los que luego se hicieron las falsas imitaciones, las imágenes simbólicas, conocidas por los egiptólogos como las de la doble diosa de la

Verdad y la Justicia,[111] y probablemente también de los idolátricos terafines de los antiguos mesopotámicos y posteriores sirios. Arriesgamos la opinión de que esta especie de augurio era por medio de una imagen (probablemente de arcilla toscamente modelada) que representaba a la *verdad* como atributo de la Deidad. Se llevaba en el seno, que es el bolsillo oriental, para poderla tener siempre a mano. Lo mismo que en el caso de los querubines, su carácter puramente ideal lo eximía de la acusación de idolatría. La única clave acerca de la manera de manejarlo para obtener una respuesta oracular se da en 1 Samuel 14:19 (porque la referencia en este pasaje debe ser al *efod* y no al *arca;* cp. v. 3, y véase Keil acerca de este pasaje), donde la expresión "Detén [lit., *"recoge"*] tu mano" muestra que se sostenía sobre la mano abierta durante la consulta. Pero no parece que esto fuese absolutamente necesario en este proceso, porque en diversas ocasiones no se hace ninguna mención acerca de ello (1 S. 23:2, 4; 2 S. 5:19, 23; 21:1). En un caso al menos estaba ausente, por implicación, siendo que la vestimenta sacerdotal misma era solo la ordinaria de lino simple, como parece ser la que vestía todo el linaje del sumo sacerdote (1 S. 23:6; cp. 22:18). Esto da peso a la sospecha de que la respuesta no se conseguía en base de ninguna peculiaridad del objeto mismo, sino que era adivinada por medio de alguna capacidad profesional adquirida por el oficiante (cp. Jn. 11:51). Finalmente, por cuanto en varios de los casos anteriores ni siquiera se manifiesta de manera expresa la intervención sacerdotal, es posible que el rey o algún otro cargo público estuviesen capacitados para distinguir la voluntad divina por este medio.

Sea como fuere, encontramos en uso este método de adivinación entre los hebreos desde este tiempo en adelante, como parece también ser el caso en tiempos de los patriarcas (Gn. 25:22, 23), y hasta un período tardío de la nación judía, cuando de forma repentina y callada desaparece totalmente de la historia. Esto se debe a que fue sustituido por las luces y perfecciones más claras y plenas de los profetas que poseían inspiración personal, cuyos pronunciamientos orales, recopilados posteriormente por ellos mismos en documentos permanentes, han sobrevivido a las vicisitudes de la transcripción y de la desnacionalización, y siguen conduciendo y alentando a los santos en su marcha hacia el hogar celestial.

---

111. Véase Wilkinson, *Ancient Egyptians,* ii, 27; v. 28.

CAPÍTULO 3

EL SIMBOLISMO DEL TABERNÁCULO

LLEGAMOS CON MUCHA CAUTELA A ESTA ATRAYENTE parte de nuestro estudio, y solo después de haber preparado el camino para ello mediante un cuidadoso análisis de los hechos y elementos en base de los que debiera reposar una aplicación figurada del todo o de cualquiera de sus partes relacionadas. Además, quedamos advertidos, por las extravagantes e indignas mistificaciones de la mayor parte de nuestros predecesores en este intento, acerca de cuán fácilmente puede una fértil fantasía extraviar incluso una mente bien dotada y un corazón bien dispuesto en un campo donde hay tan poco delimitado por unos límites determinantes, sea en lo histórico, lógico, filosófico o artístico. Mucho de lo que ha sido dado por escritores anteriores como símbolo acerca de esta cuestión es meramente *metáfora* o *figura de lenguaje* en lugar de representación mediante objeto. El simbolismo del tabernáculo, tal como lo desarrollan brevemente Josefo y Filón, es puramente *cósmico;* y en esto son más seguidos por Bähr. La esterilidad y frialdad de una exposición de este carácter son suficientemente obvias. Expositores posteriores han acostumbrado a oscilar entre esta idea y el concepto meramente clerical del simbolismo del tabernáculo, o bien se han salido por una tangente sugerida por sus propias inclinaciones subjetivas. Algunos antojos no podrán nunca probarse ni refutarse. La objeción más competente contra los mismos es su insuficiencia y su trivialidad. Confunden la coincidencia accidental y parcial con una correspondencia intencionada y

110

sostenida. La tipología escrituraria ha de ser deducida mediante una estricta exégesis y una perspectiva amplia de la administración divina, especialmente en sus relaciones soteriológicas. Esta es la esencia de la revelación. Los criterios legítimos del simbolismo del tabernáculo, como el de cualquier institución judaica o cristiana, son la congruencia natural, la sugestividad espiritual y la confirmación bíblica. No hay suficiente con cubrir los requisitos de un ritualismo superficial, de un impasible eclesiasticismo o de un nacionalismo convencional, y mucho menos satisfacer las demandas más evidentes de un naturalismo exterior; se debe alcanzar el profundo valor de un sentido universal, perdurable y salvador del alma. El tabernáculo era el centro hogareño visible de la Iglesia invisible, que fue entonces establecido en una habitación fija aunque todavía (como siempre en la tierra) migratoria. Era el tipo de aquella "casa de Dios" cuyo propósito era que llegase a abarcar el globo, ser el germen del cielo, y que sin embargo pudiera habitar en el corazón más humilde. Su arquetipo, modelado en el cónclave de la eterna Trinidad, y desvelado por un corto tiempo a Moisés, sigue permaneciendo en la esfera celestial, para ser al final desvelado para plena satisfacción de todos los santos. Allí admiraremos para siempre la perfección del símbolo y de su objeto.

La única guía segura, a nuestro juicio, es una justificación espiritual directa para las analogías estéticas y los símbolos espirituales para exponer las cuales se dispuso esta elaborada y elegante estructura. Esta exposición del verdadero objetivo y de la moral interna de esta lección objetiva a la mente comparativamente infantil de los israelitas tiene que buscarse bien en las declaraciones explícitas del texto sagrado (sea del Antiguo o del Nuevo Testamento), o bien en las inferencias que surgen de forma natural del mismo, y que sean esenciales para mantener su coherencia y simetría. Por tanto, nos proponemos no principalmente rechazar ni diseccionar de forma polémica las semejanzas ocultas y a menudo microscópicas que la mayoría de los escritores acerca de estos temas han debatido o imaginado en estos suntuosos emblemas, pasando por la tierra, el aire, el mar y el cielo, sino más bien comparar, combinar y deducir aquello que nos afecta como un sistema axiomático y tangible de verdad religiosa modelada en las coincidencias y variedades de esta extraordinaria obra de artesanía. Descubriremos que su doctrina, no menos que su composición, es orgánica y armónica, especialmente en sus rasgos más peculiares.

De una manera general podemos observar, como un pensamiento preliminar, que el tabernáculo, como un todo, siendo como era en realidad una *tienda,* es mencionado en las Escrituras como un tipo de una residencia *transitoria.* Así fue entre los israelitas nómadas en el desierto, en tanto estaban de viaje a Canaán, que era un símbolo de la peregrinación de los santos a través del estado de la probación mortal a su hogar celestial. Así era también para Jehová, antes de su residencia más permanente en la estructura de piedra del templo en su emplazamiento permanente en Jerusalén. En un sentido más especial, puede quizá haber prefigurado la ocupación de un cuerpo material por el Mesías durante su estancia en la tierra (Jn. 1:14, donde el sentido es más bien "levantó su tabernáculo" que "habitó"; y compare el lenguaje de Pedro, Mt. 17:4). También es una figura idónea de la frágil habitación de cada uno de sus seguidores sobre la tierra (2 P. 1:13, 14).

EL SIGNIFICADO DE LOS NÚMEROS

Lo primero que encontramos en el mismo umbral de nuestro ensayo de reconstrucción o de exploración es el principio de una proporción exquisita que reina en todo el ámbito de la ejecución mecánica del tabernáculo, y que se extiende hasta sus componentes más diminutos y recónditos. La proporción es el principio que combina la unidad con la variedad, y que mantiene junto el universo y hace del hombre una miniatura de la Deidad. Es la armonía de las esferas y la simetría del átomo. Es el álgebra de la hermosura y la mecánica de la moralidad. Es la cualidad primordial de la enseñanza objetiva, desde la cartilla al cálculo; y de modo muy propio se levanta destacada en el frontispicio de las lecciones gráficas del tabernáculo. Es la idea fundamental de toda la estructura. Porque el Arquitecto de la Naturaleza trabaja siempre con la regla, y los productos de su recreación están finalmente destinados a exhibir una perfección no inferior. Deben ser copias a pequeña escala de sus proporciones infinitas. Esta proporción se hace evidente en el plan y en sus acompañamientos en los números y tamaños dados por los arquitectos. Tomaremos estos en su orden aritmético, pasando gradualmente a la identidad central. Tienen una base natural, en lugar de metafísica.

El sistema decimal

El sistema más simple y antiguo, así como el más científico y perfecto para numerar es el sistema decimal, que en la moderna metrología amenaza con sustituir a todos los demás en una especificación exacta e incluso popular. Los diez dedos sugieren evidentemente los dígitos (sus homónimos), y los hombres cuentan espontáneamente por medio de ellos. En el tabernáculo todos los planos y elevaciones proceden por decenas, o por múltiplos o partes integrantes de diez. Siempre que ello es practicable, se mantiene en las subdivisiones del espacio y de los materiales. Esto es suficientemente evidente para precisar de ninguna ilustración.

La lección práctica que se desprende de esta distribución básica parece ser que todo el edificio, con su atrio, sus estancias, sus paredes, sus columnas, sus cortinas y sus elementos de fijación, había sido pensado de modo que fuese cómodo de manipular, además de presentar una regularidad. También su economía, tanto de construcción como de uso, había de servir de instrucción matemática para el genio no instruido pero agudo del pueblo escogido. Incluso hasta nuestro propio tiempo no es en absoluto superflua la lección de que "el orden es la primera ley del cielo", y que el exponente convencional más perfecto en la proporción numérica es esencial para el propósito de expresar y mantener este orden. Al contrario, está siendo más y más apreciada e inculcada.

Es cierto que el sistema duodecimal se emplea ocasionalmente en el tabernáculo, lo mismo que en la tabla de multiplicar, y que fue sugerida quizá al principio por los meses del año (aunque esto no es estrictamente cierto del calendario judío, y es en sí solo una base artificial para el cálculo). En nuestro caso presente queda destacado por el número de los hijos y de las tribus de Israel; pero no es llevado más allá que en estos pocos particulares que memorializan las secciones ancestrales y territoriales de la nación, y no tienen su raíz esencial en los grandes rasgos del tabernáculo ni de su culto.

Siete

El siguiente número, un número primo,[1] esto es, el siete, que encontramos en las dimensiones, aunque de forma menos patente, procede evidentemente

---

1. Observamos de pasada, pero de forma significativa, que los tres números primos (y en la nomenclatura hebrea, "sagrados") siete, tres y uno, que, como los colores primarios azul, rojo y amarillo, componen todos los demás, son todos ellos *impares*, y por ello indivisibles sin fracciones. Los primeros dos dan, por adición, el número diez, el segundo, por sucesivas multiplicaciones por él mismo, el más peculiar de todos los cuadrados, que es el número 9 (la suma mágica de todos los demás dígitos se alinean alrededor del cinco central, y es el disolvente instantáneo de todos los demás productos), mientras que la unidad, perfecta en sí misma, ni aumenta ni disminuye a las demás por proporción. Naturalmente, las complicadas relaciones de la involución y de la evolución son ajenas a una aritmética tan elemental.

de los días de la semana, una distribución edénica, por razones que la experiencia más exacta de los tiempos modernos ha vindicado como necesarias para la economía humana, tanto en el individuo como en la sociedad. Aparece de la manera más oportuna para resolver la singular variación en la longitud de las cortinas interiores en comparación con el lienzo del techo (7 x 4 = 28), y especialmente como base de los dos factores cuatro y tres, que entran de manera tan frecuente en las otras dimensiones. Puede haber servido ciertamente como memorial del sábado, así como de lo sagrado de la naturaleza de los juramentos.

Cuatro

La cuádruple distribución, como se acaba de observar, prevalece en las formas horizontales cuadradas generalmente adoptadas en el tabernáculo, así como en muchas de las formas verticales (el número de postes de la entrada, por ejemplo, y los anillos en las esquinas de las piezas de mobiliario). Tiene sus propias y distintivas lecciones, como veremos en breve.

Tres

La triple disposición, como el resto de siete, tiene una posición muy destacada como factor en la economía del tabernáculo, como ya se ha observado. Algunos pueden creer que aquí es algo prematura la alusión a las personas de la Deidad, como lo sería una referencia a las proporciones del triángulo. Pero la división tripartita del universo terrenal (tierra, mar y atmósfera), así como de sus elementos asociados (agua, fuego y aire), ilustraría esto. Incluso los grandes reinos (animal, vegetal y mineral), y las formas de vida (bestias, aves y peces), incluyendo los constituyentes del hombre mismo (popularmente llamados cuerpo, alma y espíritu), no pueden ser correspondencias meramente accidentales de este hecho arquitectónico, como tampoco lo son respecto al aforismo de que casi todo puede dividirse igual de fácilmente, e incluso más lógicamente, en tercios que en mitades.

Dos

La división duplicada, demasiado evidente en el tabernáculo para necesitar ninguna especificación, está basada en la distinción de sexos, como también en la gran distribución de "la tierra y los cielos", de nuevo la primera divisible en agua y tierra. Su gran lección es el dualismo que impregna no solo la naturaleza (principalmente como opuestos, p.e., calor y frío, luz y tinieblas, pero a veces como complementarios, p.e., alimento y bebida, luz y calor), pero todavía más significativamente el ámbito de lo moral (virtud y vicio, Dios y Satanás).

Uno

Finalmente, el objeto único, como germen de todo, sugiere de la forma más destacada la unidad de todas las cosas, especialmente en Dios el universal Hacedor, Preservador y Juez, y como el único digno de la adoración en cualquier ámbito de la existencia (cielo, tierra o infierno).

El codo

El codo mismo, que es constantemente la medida en todo el tabernáculo y sus accesorios, es un patrón natural, la longitud normal del antebrazo, o la distancia desde el codo hasta la muñeca en un hombre plenamente desarrollado (Dt. 3:11). En el modismo figurativo del hebreo, su nombre es característicamente *ammáh,* que es sencillamente una variación[2] de la palabra *êm,* una *madre,* no tanto (como explican los léxicos[3]) "porque el antebrazo es la madre del brazo [entero]" (una metáfora desde luego no muy evidente), sino debido a que el codo (o *cúbito*) es la "madre", por así decirlo, de todas las dimensiones, sea en el cuerpo humano[4] o en otras partes.

Las fracciones

Es digno de mención que no se empleen múltiplos ni fracciones irregulares en las medidas del tabernáculo, ni hay ningún número *mixto,* que consista

---

2. En realidad es la forma femenina, porque *êm* (una "madre" en sentido lit.), al ser una palabra primitiva, tiene en realidad una forma masculina o radical.
3. Gesenius dice expresamente "madre del brazo", citando Dt. 3:11 como autoridad, y Fürst hace sustancialmente lo mismo, dando a la palabra el sentido original de *"articulación del codo,* y entonces *brazo,* y en último término más especialmente el *antebrazo".*
4. Del mismo modo, los sastres y los manteros cuentan frecuentemente la proporción de un vestido por la longitud de un dedo, o el tamaño del tórax; y los guanteros por el diámetro de la mano o incluso de la muñeca. En conclusión, podemos comparar los patrones relacionados de un palmo, un dedo, etc.

de un número entero y de una fracción, sea expreso o por implicación, con excepción de las dimensiones de la mesa del pan de la proposición, que son una parte alícuota regular, esto es, la mitad de cinco y tres, respectivamente. En el número doce se busca el simbolismo esencial, no en los meses del año (que entre los hebreos, al usar el calendario lunar, eran a menudo trece), y mucho menos en los signos del zodíaco (que son un refinamiento astronómico), sino en el producto de las dos únicas subdivisiones posibles del número siete. La "docena" es una unidad aritméticamente moderna, e incluso en la tabla de multiplicar lo más natural hubiera sido el límite decimal, y probablemente hubiera sido más cómodo. De modo que este número solo se emplea en las Escrituras de forma *convencional*, y deriva todo su significado del de las tribus de Israel, de donde pasó a los apóstoles como representantes de la iglesia cristiana. Por ello, tiene un sentido puramente nacional y eclesiástico.

De forma similar, el número siete, que no tiene un tipo estrictamente natural, fue adoptado de modo formal como el número *sagrado* a partir de la institución del sábado como tiempo santo, y por ello entra de manera perceptible en el simbolismo del tabernáculo como elemento dimensional solo en las enigmáticas cortinas y en las lámparas profundamente significativas del candelero.

Así, vemos de nuevo que los números tres y cuatro, componentes de siete y doce por adición y multiplicación respectivamente, no se derivan de conceptos abstractos como (en el caso de los mencionados tres y cuatro) las tres divisiones del universo (aire, tierra y mar), las dimensiones del espacio (longitud, altura y anchura), ni de la Trinidad, ni (para el último de ambos números) de los cuatro puntos cardinales, etc. Más bien, forman la base de las dos únicas formas perfectas (además del círculo, que es el tipo de la unidad), esto es, el cuadrado y el triángulo, de lo cual tratamos en otro lugar. En consecuencia, aparecen también solo en los detalles *utilitarios* del tabernáculo, si exceptuamos la constitución tripartita o cuádruple (estrictamente quíntuple) de los colores de las texturas sagradas.

EL SIMBOLISMO DE LOS COLORES

Como siguiente elemento de simbolismo examinamos los colores, porque en ellos tenemos verdaderamente la base de la forma, ya que la hechura de los objetos se determina realmente con las variaciones de color o grados de matices en los bordes. Los contornos difieren según el punto de vista del aspecto, mientras que el color, sea cual sea la distancia (si el objeto está bien visible), permanece constante. Desde luego, sin color, que es solo una variación de la luz, los objetos serían invisibles. Deberíamos observar que todos los colores del tabernáculo eran lo que se llama "sólidos", esto es, permanentes, no susceptibles de decoloración. Por ello, ninguno de ellos deriva del reino vegetal, ni se usan para teñir materiales vegetales.

Si es bien cierto que "el orden es la primera ley del cielo", es igualmente cierto que la proporción es la primera ley del orden, y que el número es la base de la proporción. La forma o la figura son en último término resolubles en los tres componentes del número, las dimensiones relativas y la proporción de las partes, y estos dos últimos conceptos también se pueden expresar solo mediante números. Todo esto pertenece a las matemáticas, que aplica dos de los sentidos, el tacto y la vista, a la mutua corroboración de la verdad absoluta. El color, en cambio, es una cualidad independiente, que puede ser reconocido solo por el último de estos sentidos, y que reside completamente en la superficie de los objetos, que pertenece también al ámbito del primer sentido, mientras que la sustancia de los mismos queda incluida bajo la forma y el número. Sin embargo, es cierto que el color mismo es producido por la forma de las partículas exteriores de la materia de los cuerpos, porque es refractado, difractado y reflejado en base de dicha forma, y el matiz de las sustancias puede ser cambiado mediante un sencillo pulimentado o espolvoreado, actuando así los átomos superficiales como diminutos prismas que actúan sobre los rayos de la luz.

Por tanto, el color es una cualidad puramente accidental o artificial del exterior, mientras que aquellos atributos que se han considerado hasta ahora son simples e inherentes a la esencia de la materia. Por esta razón, esto nos prepara a esperar que su simbolismo será convencional en el grado más elevado, y por tanto encontramos que entra en la imaginería sensible del tabernáculo para expresar solo relaciones referentes al pacto, dirigido solo a la mirada de la fe, y no perteneciente a las propiedades naturales de las cosas. Los tres sentidos restantes se presentan a su vez cada uno con sus campos apropiados de simbolismo en el correlativo de la adoración, las trompetas de plata para el oído, el incienso para el olfato, los diezmos para el paladar. Pero la ciencia moderna ha demostrado que todos los sentidos son afectados por ondulaciones o pulsaciones sobre las terminaciones nerviosas del órgano apropiado, y que los colores, no menos que los sonidos, e indudablemente también los olores, sabores y percepciones táctiles, se diferencian en relaciones aritméticas en las ondas y vibraciones a través del medio. Por tanto, las proporciones de los números son constantemente el índice del orden en la naturaleza, y esto es al menos una indicación del método de "gracia sobre gracia" graduado según la lección de la parábola de las minas o de los talentos.

El negro

Comenzamos, por tanto, con el *negro*, que, hablando en sentido estricto, es la ausencia de todo color, y por ello el emblema del secreto, del luto, etc., como la oscuridad lo es de la muerte, del pecado, etc. De modo que en el tabernáculo, donde la alegría es la idea dominante (porque la adoración de Jehová, a pesar de su aspecto imponente, no debe considerarse desde un aspecto de miedo), hay poca razón para emplear este color. Incluso cuando aparece, lo hace con un matiz suavizado, esto es, en el lienzo oscuro de pelo de cabra. Allí adopta el simbolismo amable o benigno de protección o intimidad, por cuanto el techo cubre y protege a los moradores de las inclemencias del sol y de la lluvia, y también de miradas extrañas o de intromisiones. Por una razón similar no había luz artificial en el Lugar Santísimo, por cuanto era la estancia secreta de Jehová, iluminada regularmente solo por su propio sol, y ocasionalmente por su Shekiná especialmente revelada. Así, Aquel en quien "no hay ningunas tinieblas" (1 Jn. 1:5), sin embargo, bajo la dispensación preparatoria del judaísmo, "habitaría en la oscuridad" (1 R. 8:12), hasta que la Luz de la Vida, el "resplandor de su gloria" (He. 1:3), saliera de aquella "luz inaccesible" (1 Ti. 6:16), para abrir los secretos de su naturaleza al hombre (Jn. 1:18) y disipar las tinieblas del pecado y del sepulcro (2 Ti. 1:10).

El blanco

Como combinación armónica de todos los colores del prisma, aunque no se le considera como un color particular en absoluto, el *blanco* aparece constantemente en el tabernáculo, el contrario del negro y el emblema de la inocencia en el sentido escriturario de justificación, incluyendo el perdón, la pureza y la paz. Resplandece en las basas, los ganchos y las varas de plata, etc., emblemas de los puntos de unión entre las diversas etapas del culto divino. Aparece sin matizaciones en el atrayente exterior del atrio y en las limpias ropas interiores del sumo sacerdocio.[5] Tiene unos matices más suaves en las cortinas de la entrada y laterales y en las partes más ornamentales del vestido del sumo sacerdote. Si, como hemos conjeturado, la piel de la capa interior de pieles de las paredes era de cabra o antílope, grisácea,[6] se corresponderá bien con el material no blanqueado de los calzoncillos de los sacerdotes (de lino), la cubierta de la cabeza y la camisa (de lino o de lana), que se llevaban directamente sobre el cuerpo. Este material no era de un blanco tan relumbrante como para mostrar la ligera decoloración del necesario desgaste, pero sí lo suficientemente blanco para exhibir cualquier verdadera suciedad de tierra o sustancia extraña. Esto puede haber indicado el matiz cotidiano de la piedad práctica en este mundo de trabajo cotidiano, no demasiado grato para el tacto mortal, y sin embargo no manchado por un pecado real; mientras que el resplandor sin mancha del lino blanqueado del recinto exterior, y del cuerpo y cabeza del sumo sacerdote, era un tipo del ámbito de la verdadera iglesia de Dios, y del

---

5. En una sola ocasión, esto es, en el gran día de la expiación anual (Lv. 16:4, 23, si estamos en lo cierto en nuestra comprensión de las "vestiduras santas" de simple "lino" mencionadas en dicho pasaje como una vestimenta especial de material no blanqueado), había una excepción de esta regla, para simbolizar la pecaminosidad general del sacerdocio así como del pueblo, a los que representaba entonces el sumo sacerdote, como si en la vestimenta de medio luto de una viuda. El representante terrenal no podía entrar en la inmediata presencia de Jehová sin un emblema de su imperfecta pureza, pero el siempre impecable Sumo Sacerdote ascendió adentro del velo celestial en su vestimenta original de gloria perfecta.

Este cambio de vestimenta tenía también un propósito funcional, para no manchar las galas sumosacerdotales con la sangre que el sumo sacerdote tenía que esparcir tan abundantemente por toda la estancia durante esta ceremonia (vv. 14, 15, "hacia el propiciatorio al lado oriental" denota desde una cierta distancia, de modo que era sobre el suelo delante o junto al lado oriental, no sobre la cubierta misma del arca; así en el v. 18, el "altar que está delante de Jehová" es el altar de cobre del holocausto, no el altar de oro para el incienso).

6. El *tajásh*, naturalmente, era un animal ceremonialmente "limpio", y esto excluye inmediatamente cualquier suposición de un ser marino, tanto si se trata del grupo de la foca como de la marsopa. Aunque estos puedan tener aletas, desde luego no tienen escamas (véase Lv. 11:9-12; Dt. 14:9, 10). Es probable que fuese un animal del género de la cabra o del antílope, varios especímenes de los cuales, de carácter apropiado, se encuentran en las regiones colindantes, de una de las cuales, en especial (*Antilope barbatus*), se dice que es conocida con el nombre similar de *tajassË* en el dialecto autóctono del interior de Asia. El uso de piel de *tajásh* para los zapatos (Ez. 16:10) no hace referencia a unas rústicas sandalias, sino a un material suave destinado a las damas principales. A falta de una indicación clara, no podemos buscar un sentido simbólico aparte de suponer que la piel era suave y hermosa. La piel más tosca y fuerte del exterior estaba teñida para dar un efecto artístico, y mostraba un rico contraste con el oscuro techo y las planchas amarillas. Más allá de esto, no es útil tratar de encontrar un simbolismo.

carácter sin tacha de su verdadero ministerio, y por encima de todo, de su Cabeza impecable.

El azul-rojo

Destacándose entre los verdaderos colores de tabernáculo había el que popularmente se podría llamar "azul" pero que en realidad era una mezcla de *añil* con *rojo oscuro*. Igual sucede con el siguiente color (siempre aparecen mencionados en el mismo orden),[7] siendo la diferencia que en el primero predominaba el azul, y en el segundo el rojo. Estos dos son los únicos casos de un color compuesto que aparece en toda la descripción (excepto el marrón y gris que se implican y acerca de los que se ha hecho mención más arriba), y

---

7. Atwater observa (*The Sacred Tabernacle*, p. 284, nota): "Los colores de la cortina [de la pared] llamada *el tabernáculo* se mencionan siempre en el orden que sigue, esto es, lino torcido, azul, púrpura y carmesí; pero en todos los demás casos, incluyendo los tres velos y las vestiduras sacerdotales, los colores se designan como azul, púrpura, carmesí y lino torcido. Nadie ha sugerido una razón para la diferencia de orden". Uno de estos asertos no es estrictamente correcto, porque en Éxodo 39:29 se enumeran los colores del cinto del sumo sacerdote en el mismo orden que el de las cortinas de la pared, esto es, "de lino torcido, de azul, púrpura y carmesí". Esto muestra que no hay ningún significado especial para la posición del blanco, excepto en su relación con el oro, en tanto que los otros tres colores aparecen siempre en su orden apropiado, como siempre sucede. Desde luego, esto demuestra que el blanco no era una franja como tal, porque en la descripción del cinto del efod (que difícilmente podremos suponer que fuese diferente a este respecto del cinto principal) el blanco ocupa de nuevo el último puesto (28:8; 39:5). Esto queda también corroborado por el hecho de que aparece una variación similar en el orden relativo del brocado de oro en los dos registros de la cortina de la entrada en el atrio (27:16; 38:18). La razón por la que el lino aparece en primer lugar solo en estos dos casos (dos veces en el caso de las cortinas, 26:1; 36:8; y una vez en el cinto principal, 39:29) parece ser la gran longitud de estas piezas de tejido (siendo los hilos longitudinales de este material) en comparación con las otras. En el registro de los mismos colores empleados en el templo de Salomón (2 Cr. 2:7, 14), este orden no se observa en absoluto, salvo por lo que atañe al velo interior (3:14; debido a que se empleaba solo en esta pieza de tejido, al no haber cortinas laterales). Podemos observar, además, que el orden regular por el que el oro (o su equivalente, el bordado) se menciona en primer lugar, y el lino en último (siempre que ambos aparecen), nunca varía excepto cuando, como en los casos que se ha observado acerca del lino, y el del oro ya citado, se enumeran la base y los colores figurados en el aspecto de *materiales* o en el proceso de manufactura, y no como artículos terminados (así el oro aparece en último lugar en la narración de las contribuciones, 25:4; 28:5; 35:6, 23; de la obra de los hombres, 35:35; 38:23; del efod, 39:2, 3; del pectoral, 28:15; 39:8). La adición de "lino" a la lista de granadas en 39:24 (donde "torcido" se refiere a los hilos coloreados), es un error de la versión Reina-Valera (cp. 28:33). De modo que el orden de las palabras que observamos, aunque en todas partes fiel al simbolismo, no es en ningún lugar místico ni cabalístico.

sirven para mostrar que no se considera ningún análisis científico de los rayos. Se observará que el verde queda excluido, a pesar de su abundancia en la naturaleza y de su grato efecto a la vista, especialmente en un desierto exento de verdor como aquel. Quizá porque es sugerente de la tierra, y por ello demasiado mundano, y también porque es casi exclusivamente vegetal. Pero el azul, especialmente el cálido añil, es eminentemente característico del cielo (el cielo cerúleo, con un matiz rojizo dominante en Oriente), y por ello los intérpretes, como por consentimiento común, no han dejado de advertir el simbolismo que comporta. El "azul" se usaba solo para indicar la serenidad sin mixtura del mundo celestial, la meta culminante de la aspiración humana; o, en franjas alternadas (nunca entremezcladas, excepto con la luz blanca que subyace y lo transfigura) de matices más ricos, para insinuar las etapas sucesivas de la vida y posición terrenales por las que deben pasar los mortales para alcanzarlo.

El púrpura

La *púrpura* de Tiro de la antigüedad era universalmente aceptada como emblema de realeza, que en algunos países tenía el monopolio legal de la misma, como entre los mahometanos el verde es el emblema exclusivo de un descendiente lineal del profeta. Así, es tan apropiado a la mansión y a los siervos del Rey supremo, que es innecesario insistir acerca de ello. Está entre el azul-rojo y el rojo oscuro, como lo requiere su matiz, y sugiere que la realeza, todavía desconocida entonces en la política hebrea, llegaría como mediadora entre Dios (en los cielos azules) y el hombre (de carne color cobre);[8] un virrey humano de autoridad divina, y una Víctima con una doble naturaleza y dignidad.

El carmesí

El matiz de rojo restante, por tanto, el *carmesí* (no "escarlata", que es un color demasiado brillante y flameante para ajustarse con el matiz y el simbolismo), o rojo de cochinilla,[9] solo puede señalar a la sangre, apagándose

---

8. Vale la pena observar que *adám* ("hombre") y *adamáh* ("tierra") significan, ambos, *rojo,* o *cobrizo,* esto es, el color profundo de la carne, que es también el del cobre no bruñido pero también no empañado.
9. El hebreo lo identifica explícitamente con un gusano.

de su matiz arterial (y denotando aquí una sangre acabada de brotar), a través del color purpúreo de la carne viva, al matiz azulado de las venas, pero que en todas partes en las Escrituras designa el principio vital de hombre y bestia (Gn. 9:4-6), y el elemento esencial de la expiación (He. 9:22). Aquí tenemos un ancho campo para la investigación científica y religiosa, respecto al que nos limitamos solo a dar una introducción al lector, y lo dejamos que lo explore con las copiosas ayudas fácilmente disponibles. El doctor H. Clay Trumbull, anterior director de la publicación *Sunday School Times*, ha recogido una gran cantidad de información acerca de la extendida y profunda relación de la sangre en las creencias y costumbres religiosas de las naciones antiguas y modernas, en su interesante y valiosa obra titulada *The Blood Covenant* [El pacto de sangre], que está en total armonía con la pertinencia del símbolo en este respecto.

El amarillo

El oro tan profusamente utilizado en el tabernáculo, tanto sólido como laminado, así como en hebras, y quizá también, como hemos conjeturado, en las puntadas sedosas del brocado, da el restante color, el *amarillo*, que es evidentemente simbólico del sol como la gran fuente de luz (blanco) y calor (rojo brillante como en la llama). Se puede observar que el fuego, que es de un color como anaranjado, o mezcla de rojo y amarillo, no queda representado aquí, quizá debido a la peligrosa tendencia de su adoración en Oriente. Pero a través del metal, como patrón de acuñación, llega a ser el emblema de la valuación.

Hemos visto que los tres colores de la lana, el violeta, la púrpura y el carmesí, aparecen siempre en el mismo orden, y hemos supuesto que se encontraban dispuestos invariablemente así en las cortinas de las entradas y en otros lugares, leído esto sin duda, según el estilo hebreo, de derecha a izquierda. ¿Es acaso abusar de la imaginación suponer que esto también tiene significado? Quizá simboliza, en primer lugar, el cielo que todo lo abarca y cubre, porque el horizonte encierra lateralmente todas las perspectivas, y el cenit a todo verticalmente. Segundo, que la realeza es la siguiente forma de supremacía, estando como está el Soberano celestial sobre todos. Tercero, que la sangre es la base de la unidad de la raza y de la concordia; y de ahí que el Señor universal se encarne para el hombre. El trasfondo y el recubrimiento de oro indican el precio de la redención humana, tanto como originalmente provista y después pagada; y el color de trasfondo, el blanco, señala a la pureza espiritual que es el origen y objetivo de todo el plan de la *expiación*. Podemos luego traducir todo el jeroglífico de esta manera: LA SANGRE REGIA DEL CIELO ADQUIERE LA PUREZA. En la disposición idiomática de las palabras hebreas, el sentido sería igualmente idóneo y enfático, y la forma concordaría precisamente con la concisión epigramática, porque las cinco sustancias (o más bien colores) aparecen en una designación invariable (cuando se mencionan juntas en este contexto) en el mismo orden ("oro y-[lana]-violeta, y-[lana]-púrpura y-[lana]-escarlata y-[lino]-blanqueado"), de modo que componen simbólicamente el ideograma, que intentaremos representar en equivalentes castellanos del siguiente modo: *Yiqnú hash-shamáyim mim-malke-hém be-dam-ó eth-tohorath-énu*, literalmente, *Comprarán los-cielos de-su-Rey por-su-sangre nuestra-purificación*, esto es: *El cielo procurará de parte de su Rey nuestra purificación con su propia sangre.* El sacrificio del Dios-hombre en la cruz es el único rescate de la raza humana bajo el pecado y la pena sentenciada por Dios.

Expresado hebraísticamente como un *logogrifo*, los elementos aparecerán como en la tabla que se presenta más adelante. Se puede observar que quedan representados los tres grandes reinos de la naturaleza. 1. El mineral (como fundamental) por la primera sustancia. 2. El animal (como más importante) por los siguientes y principales tres (el mar, como el más populoso, por dos; y el aire por uno); y 3. El vegetal, por el último: los matices comienzan con uno pálido, y terminan con el más suave, en tanto que los intermedios son brillantes, en el orden de la intensidad de su tinte más intenso (rojo); la tierra, con su (mezclado pero predominante) color verde, se ignora deliberadamente en su expresión; pero con sus tribus vivientes se da por supuesta en todas partes como una realidad. El primer pensamiento, el central y el último son abstractos, los otros dos concretos (el segundo divino, el cuarto humano); cada uno de ellos está así unido a los demás; el propósito inicial es la redención, el central el del dominio (del Dios-hombre), el final la santidad. Este lema central, que figura en cada aspecto de la Majestad divina, y también en la persona del mediador sumosacerdotal, proclamaba silenciosamente con rayos celestiales (Sal. 19:1-4) el magno secreto de la una y verdadera fe, ideada en los consejos eternos del Todopoderoso (Col. 1:26, 27). Es el evangelio del tabernáculo, y una apropiada culminación del simbolismo del edificio entero y de su aparato. Es la idea germinal en el núcleo de su incorporación arquitectónica del culto levítico, la contraseña perpetua de todos los verdaderos miembros de la iglesia universal, y la tónica en el cántico eterno de los redimidos (Ap. 5:9, 10). Es la

doctrina singular y esencial tanto del judaísmo como del cristianismo, el hecho
cardinal prefigurado en lo primero y llevado a cabo en lo segundo. Lo mismo
que el arco iris del primer pacto con el segundo progenitor de nuestra raza
(Gn. 9:13), y como la mística escalera del sueño de Israel (Gn. 28:12), es un
puente que salva el vacío entre el cielo y la tierra. Puede que esté reservado a la
ciencia moderna exponer en sus diversas franjas el espectro que revelará algo
de la naturaleza interior de aquel mundo lejano donde, en su humanidad
glorificada, el Hijo divino está preparando el hogar de Sus santos.

Orden	1	2	3	4	5
Nombre hebreo	Zaháb	Tekéleth	Argamán	Shaní	Shesh
Objeto	Oro	Mejillón cerúleo	Concha tiria	Mosca del roble	Lino
Color	Amarillo	Violeta	Púrpura	Carmesí	Blanco
Idea	Precio	Cielo	Realeza	Sangre	Pureza

Como no se especifica la anchura de las sucesivas franjas coloreadas (eran
sin duda coiguales en cada pieza de material), nos hemos tomado la libertad
de variarlas en este respecto para ajustarlas a los paneles o espacios que tenían
el propósito de llenar. Es una coincidencia muy digna de mención que el violeta
cae exactamente en el panel plano para los querubines en las cortinas de la
pared interior. Es interesante observar, además, que en la disposición de los
pliegues, las lazadas violetas están siempre fijadas a las esquinas de los paneles
violetas, como lo exige la congruencia. Además, cada colgadura comienza y
acaba con violeta; siendo el cielo la fuente y el objetivo de la expiación. El
fondo de lino blanco habla de la pureza y del poder que subyacen a todo el
plan de la redención.

Incluso el color del brocado superpuesto está en armonía con el simbolismo
anterior, porque así como el amarillo es el emblema del sol, este orbe, el cuarto
elemento en el sistema cósmico, transcurre en su camino sobre la faz de los

otros, especialmente del cielo azul, no solo llamando al ser las formas (vegetales) de hermosura (vides, etc.), sino también personificando los poderes (animales) de la naturaleza (los querubines).

Es digno de mención que así como los templos y las personas de los monumentos egipcios y asirios están repletos de inscripciones significativas, así la tapicería del tabernáculo y las vestimentas de su sumo sacerdote están totalmente ilustradas con su lección central del plan de redención.

ASPECTOS EXTERNOS DE LOS ARTÍCULOS DEL TABERNÁCULO

El resto de objetos dentro y alrededor del tabernáculo que afecta al sentido de la vista así como al del tacto, es la figura, y esto lo consideraremos en cuanto se relaciona con la forma matemática y con la apariencia general; siendo la primera una distinción convencional o funcional, y la segunda de carácter popular o estético, pero ambas combinadas en su presencia eficaz.

Formas geométricas

Las figuras *angulares* son mayormente artificiales, y por ello predominan en el aparato del tabernáculo, especialmente el rectángulo, y especialmente en su caso particular del cuadrado, porque el triángulo aparece solo ocasionalmente, como la bisección o diagonal del cuadrilátero. Esta figura es evidentemente símbolo de la regularidad, y nos devuelve a la idea de la proporción perfecta con la que hemos emprendido esta parte de nuestra discusión. El cubo o tercer múltiplo de la misma dimensión, en cambio, apenas si se encuentra, excepto en la parte correspondiente al "tabernáculo" del Lugar Santísimo, quizá porque es monótono. El paralelogramo oblicuo se evita totalmente, por desproporcionado.

De construcción más difícil (sin la ayuda de un torno), y sin embargo de gran abundancia en la naturaleza, es la *figura redonda,* sea plana o esférica. Es bastante frecuente en el aparato del tabernáculo, aunque nunca aparece de forma explícita. Es el arquetipo de la simetría, siendo que cada punto de su periferia equidista del centro. Convertirlo en símbolo de los cuerpos planetarios sería anticipar el sistema de Copérnico.

De las tres figuras más simples, es decir, el círculo, el triángulo y el cuadrángulo, que representan respectivamente la unidad como emblema de eternidad, la tríada como un emblema de fortaleza y el paralelogramo como un emblema de conveniencia, la primera y la última aparecen en el simbolismo del tabernáculo como representantes de la forma perfecta desde puntos opuestos de vista apropiados a su naturaleza: es decir, la que es subjetivamente interior, como tipo de una totalidad independiente y satisfecha en sí misma, en las columnas, la fuente, y ciertos detalles del aparato del tabernáculo; la otra es objetivamente de fuera, en la disposición superficial de los apartamentos y en la forma de ciertas piezas fabricadas. Sus respectivas formas sólidas, la esfera y el cubo, aparecen en raras ocasiones. La primera, que es el símbolo propio de la Deidad, y que por ello no debe representarse gráficamente (según el segundo mandamiento), apenas si aparece en absoluto (porque incluso las granadas y las campanillas son unos modelos imperfectos). La última aparece solo en el santuario más interior, la morada misma de la Deidad, y así es el tipo apropiado no solo del cielo mismo (en el que Cristo ha entrado finalmente, y adonde le seguirán Sus redimidos), sino también de la Iglesia todavía invisible (donde bajo el cristianismo todos los santos quedan admitidos hasta el día de hoy como sacerdotes cada uno por sí).

Los dos altares son cuadrados, pero no cubos, como denotando un grado menor de perfección. Las ofrendas, bien las externas y físicas (como víctimas animales) o las internas y espirituales (como nubes o incienso) están limitadas (al menos en la tierra) por las debilidades naturales de los santos. Las tablas individuales de las paredes, que pueden simbolizar las "piedras vivientes" del verdadero templo, son así meramente rectangulares, como componentes finitos de la morada divina. Los apartamentos exteriores (el lugar santo, el santuario como un todo, y el atrio entero) son por la misma razón emblemáticos de este estado terrenal de existencia y culto, que serán omitidos en el templo celestial por sus ocupantes de "casas no hechas con manos, eternas en los cielos". Pero incluso el templo terrenal no era absolutamente perfecto para residencia de Dios o para el culto, porque estaba coronado por un pico prismático, que señalaba arriba hacia la nube encima como lugar de la continua inmanencia de la Deidad, en lugar de hacia la Shekiná ocasional abajo. Naturalmente, la estancia exterior denotaba un grado menor de la presencia divina, respecto al adorador no consagrado o nominal, y el atrio exterior todavía inferior, como al mundo laico o gentil. El primero sigue todavía bajo la sombra de la sagrada vocación, y el último solamente bajo el amplio dosel del pacto general del cielo. El triángulo es de infrecuente aparición, y su sólido, la pirámide, parece haber sido evitado como un tipo egipcio de estabilidad, a la vez híbrido (porque la base no es triangular) y no pertinente (porque el tabernáculo no era estacionario ni perpetuo).

La más singular de las formas introducidas entre los accesorios del tabernáculo es la de los *querubines*, y aunque puramente simbólicos, han resultado ser el mayor de los enigmas para los intérpretes, que a menudo se han tomado las libertades más injustificadas en las suposiciones acerca de su significado. Nos aventuramos a exponerlos como emblemas cósmicos de los atributos divinos, o, tal como la ciencia moderna los describe (nos tememos que desde una perspectiva más bien atea), "las leyes de la naturaleza". Son las funciones creativas y providenciales de Dios, ejercidas en favor de sus destinatarios humanos por medio de la actividad de seres imaginarios especiales, inventados con este solo propósito, en las esferas nacional y eclesiástica, y no de ángeles (que son verdaderas personas, esto es, seres morales libres), como las Escrituras describen que se hace en las relaciones sobrenaturales del mundo. Por ello, se les representa con una forma material, y con una existencia animada; como dotados de cuerpo humano, pero rubicundos como cobre bruñido, no emplumados, excepto probablemente en las alas; con pies como partidos y piernas derechas (doblables) de una criatura ceremonialmente "limpia", que dispone de una fácil locomoción si la necesita, o una posición firme cuando está en reposo. Poseen brazos para un servicio conveniente y eficiente, y asimismo alas para una locomoción independiente, y además dobles para su uso como vestido. (Las "ruedas" sincrónicas de Ezequiel, para denotar un soporte del trono divino, con sus llantas llenas de ojos [en Ap. 4:6, 8, los ojos son muchos, y en la persona] que denotan vigilancia en todas direcciones, son un instrumento posterior del aparato teofánico.) Los cuatro rostros (el rostro es el rasgo característico mediante el que se distinguen los individuos) son el principal índice de su significado tipológico. El rostro humano denota inteligencia; el leonino, fortaleza; el bovino, perseverancia, y el aquilino, velocidad.

Hasta la posición relativa de los cuatro rostros de los querubines parece significativa; el humano, como corresponde al señor de la creación, ocupa el frontal; el leonino, como rey de los órdenes inferiores, en el puesto siguiente a la derecha; el bovino, como cabeza de los animales domésticos, soportando la izquierda; y el aquilino, como príncipe del aire, manteniendo la retaguardia. Como símbolos de las leyes de la naturaleza, el cuádruple aspecto de los querubines no es arbitrario ni accidental, sino que señala a cada uno de los puntos cardinales de la tierra (cp. Job 23:8, 9; Zac. 6:1-8), donde son los vehículos de la soberana Providencia, actuando con el objetivo de gran alcance de la sagacidad, la diestra de la eficacia, la izquierda de la persistencia, y las alas de la velocidad; y con estos atributos esenciales se corresponden todos sus miembros. Desde la caída del hombre, impiden su acceso al elixir de la vida por medio de la espada de la mortalidad que se blande en las tres direcciones de la enfermedad, el accidente y la ancianidad. Guardan a la Iglesia, haciéndola inexpugnable a todos los asaltos (cp. Mt. 16:18), manteniéndose en guardia ante el portal del Rey de reyes, y presiden sobre la depositaria de sus estatutos; son especialmente comisionados en cada crisis eclesiástica (como en el libro de Ezequiel), aunque solo se aparecen al ojo inspirado (cp. 2 R. 6:17), y no cesarán en su ministerio hasta el fin del tiempo (Ap. 4:6-9, etc.).

Esto nos da una completa imagen de un mantenimiento y superintendencia omniscientes, uniformes y omnipresentes de los avatares externos y asuntos del cuerpo de los verdaderos adoradores, esto es, de la Iglesia en todo tiempo.

No debe ser causa de alarma ni de sorpresa que se tengan que desechar las preconcepciones antiguas de estas singulares formas debido a los hechos rígidos de un prosaico análisis y de una fría exégesis, pero el amor de la verdad nos lleva a desprendernos de todas ideas tan vagas y quiméricas. Tenemos que recordar siempre que las formas no fueron dadas para divertir, sino para simbolizar, para deleitar la comprensión espiritual más que para fascinar el ojo. Toda imaginería sensual hubiera parecido idolatría; y esto era totalmente repulsivo a la santidad del santuario. Además, los conceptos modernos han tendido a confundir en general a los querubines con *ángeles,* aunque en las Escrituras los unos y los otros son sumamente diferentes en carácter, función y representación. Estos últimos son propiamente manifestaciones de agentes personales y morales, son seres reales; los primeros son meramente exponentes de cualidades ideales y naturales, configuraciones que no solo no tienen existencia, sino que son de hecho imposibles. Los querubines carecen de vestimenta excepto por sus alas, a fin de denotar su simplicidad original de sentimientos y su no amoldamiento a formas artificiales.

En cambio, los ángeles aparecen siempre en las Escrituras con el hábito ordinario de los hombres, aunque pueda ser con un halo. En el pasaje que generalmente se cita para dar apoyo a la forma alada de los ángeles (Dn. 9:21), Gabriel es explícitamente designado como "varón", y no hay ni la más ligera insinuación de que tuviera una forma excepto la perfectamente humana. La frase "volando con presteza" es un curioso caso de aliteración, *mûâf bîaf,* que puede traducirse literalmente "hecho volar con cansancio", esto es, habiendo llegado repentinamente con la fatiga de un largo viaje. La primera palabra se emplea frecuentemente en el sentido metafórico de un movimiento rápido, aparte de la posesión de alas, y la última palabra no tiene que ver con volar. Ambas palabras se toman evidentemente algo fuera de su sentido ordinario, para un efecto eufónico. En realidad, los mejores hebraístas derivan ambas de la misma raíz —y afirman que la última es gramaticalmente la más probable, por su forma y modismo—, y traducen la cláusula como "totalmente agotado". Así desaparece todo rastro de ángeles alados de las Escrituras; respecto a la locomoción en Apocalipsis 8:13 y 14:6, es una adaptación especial, como en 12:14, Otros ejemplos que se presentan (Jue. 13:20; Sal. 104:4; Is. 6:2; Mt. 28:3) no son relevantes.

En cuanto a la combinación aparentemente tosca de elementos animales y humanos en las figuras querúbicas, nuestros prejuicios deben ceder ante las claras descripciones de la Biblia, y las descripciones de las religiones coetáneas. Los monumentos de Egipto y Asiria representan con frecuencia a similares custodios de palacios, templos y ritos sagrados con alas emplumadas y picos de aves, y en otras tallas emblemáticas en casos parecidos se ve un rostro humano sobre el cuerpo de un toro o de un león. En ocasiones se pone en servicio una bestia más innoble, o incluso un pez o una serpiente. La mitología pagana está llena de estas formas híbridas. La esfinge es uno de los enigmas más destacados de la antigüedad. Nadie imagina que jamás existieran tales seres. Los querubines bíblicos son una gran mejora incluso sobre los modelos clásicos, y su misma rareza convierte su significado en tanto más singular.

Difícilmente puede dudarse también de la forma sustancialmente *humana* de aquellas figuras escondidas, el Urim y el Tumim, después de un examen de los pasajes a los que se hace referencia a las mismas, y especialmente tras una comparación con los terafines de los hebreos y con las imágenes de los santuarios egipcios. Sin embargo, el lector observará que los genuinos nunca se mencionan en el relato mosaico como objetos de culto, sino solo como una especie de talismán para adivinación. Pero en este punto focal del aparato sacerdotal volvemos a encontrarnos con la premonición casi singular de la *expiación* que une la tierra con el cielo y que alía a Dios con el hombre; no ahora, como en los colores sagrados, que son un aspecto del sacrificio vicario por el hombre ante Dios, sino en la forma teantrópica, que manifiesta corporalmente la deidad ante el hombre, como el otro gran designio de la encarnación del Hijo de Dios. Jesús no es solo *la* luz (*ûr*) del mundo (Jn. 1:5, 9; 8:12), sino el único ser humano perfecto (*thûm*), que revela la naturaleza divina así como los propósitos de Dios (Jn. 1:18), y ello no solo por su persona, que es la imagen expresa del Padre, sino también por su vida, que es el resplandor de su gloria. No solo por sus preceptos, que son verdad infalible, sino asimismo por su ejemplo, que es el patrón total para todos los santos. Si estamos en lo cierto al suponer que el objeto en la bolsa del pectoral del sumo sacerdote era de hecho uno solo, aunque en nombre, por causa del énfasis superlativo, a la vez doble y plural, entonces este único e incomparable Dios-hombre, que una vez desveló su esplendor innato a los tres privilegiados en el monte de la transfiguración, y que ocasionalmente dio atisbos de su gloria beatífica, como al protomártir y al apóstol preeminente, es el verdadero e idóneo antitipo de este símbolo de adivinación así como de la Shekiná entre los querubines. El mismo será finalmente contemplado, como el atractivo del verdadero templo, y el sol que nunca se pondrá de los nuevos cielos, por parte de todos los devotos que allí serán para siempre reconocidos como "reyes y sacerdotes para Dios".

Fue para el culto que se erigió el tabernáculo, en lugar de la devoción casual, aislada y espontánea de personas y familias mediante aquellos ritos o aquel orden que considerasen oportuno, bien tomados de tradiciones, o bien de fuentes profanas, o dictados por el capricho o la moda. Tan esencial es una casa de reunión, que al final ha adoptado el nombre de una "iglesia". Tan útil es tener un ritual que incluso las comuniones no ritualistas han adoptado algún orden convencional de servicio. Si tienen éxito en retener la supervisión divina simbolizada en los guardias querúbicos, pueden prometerse permanencia y éxito en la tierra. Sin embargo, es solo por la preservación del bautismo espiritual prefigurado en el fuego de la Nube, del Altar y de la Shekiná que pueden tener esperanza de hacer aptas las almas de sus miembros para la comunión interior, sea aquí o en el más allá.

Quedan por tratar las diversas posturas del juego superior de alas querúbicas, a las que hemos ya llamado la atención. En la tapicería de la pared, donde las figuras son totalmente estacionarias, hemos concebido las alas como plegadas casi en vertical[10] (como se describen en Ez. 1:24, 25, "cuando se paraban, bajaban sus alas"). Esto parece denotar la actitud quiescente de los querubines allí como

---

10. Probablemente sobre el otro par, de modo que, como en los monumentos egipcios, parece como si solo tuviesen dos.

custodios fijos de los santos apartamentos. Pero en el velo, donde estaban elevados a un codo sobre el suelo, a medio aire, por decirlo así, estarían naturalmente representados como volando. Sus alas están extendidas horizontalmente, para tocar las del querubín adyacente (como se describen de nuevo en Ez. 1:9, 11 [donde se debe traducir "separadas como hacia arriba" en lugar de "extendidas por encima", esto es, separadas en la parte superior abriéndose desde el cuerpo], 23, 24), como centinelas activos cerrando el paso. No armados ahora, como en Génesis 3:24, sino permitiendo la entrada al sumo sacerdote, pero no sin que él tuviese que levantar el velo, y así por un momento apartándolos.

Finalmente, encima del arca, sobre la cubierta en la que están de pie,[11] y sin embargo donde están levantados a tanta altura del suelo como en el velo, los querubines están en el acto de posarse. Por ello, levantan sus alas un poco más altas, se encaran uno con otro, y doblan sus brazos como abrazándose hacia el propiciatorio (Éx. 25:20), como si fuese su nido. Este objeto central de toda la economía del tabernáculo da un ejemplo muy señalado de lo superficial e inexacto que es el estilo actual de interpretación del simbolismo de todo este tema desde los tiempos más antiguos hasta nuestros días. La cubierta del arca

---

11. El arca estaba cerrada por una cubierta, no como señal de secreto (porque la Ley había sido proclamada con la más gran publicidad), sino como prenda de una seguridad y perpetuidad inviolables; y el cordón de querubines daba el significado de la misma garantía. El resplandor de la Shekiná que ocasionalmente caía sobre ella, como señal de la aceptación divina de "la sangre rociada que habla mejor que la de Abel" (He. 12:24, ésta pidiendo venganza contra el fraticida, aquélla proclamando perdón, véase Lc. 23:34), cuando era ofrecida por el devoto sumo sacerdote como representante de su pueblo, era un mensaje de "la misericordia que se gloría sobre la justicia" (como podríamos traducir apropiadamente Stg. 2:13; cp. Sal. 85:10), sobre aquella justicia simbolizada por el Decálogo que estaba debajo de la misma. Esta justificación, que tiene lugar en la esfera celestial, es testimoniada al adorador que está fuera por medio del espíritu de adopción (Ro. 8:15, 16; Gá. 4:6), y que el Abogado ascendido ha enviado a los corazones de los creyentes (Jn. 16:7) como garantía de su propia recepción triunfal dentro del velo (Hch. 2:33; He. 10:12).

El material en el que el Decálogo fue inscrito era un emblema de su rigidez formal (véase 2 Co. 3:3, 7), y el número de las tablas indicaba la fiabilidad de su testimonio (véase Dt. 17:6); que estuviesen grabadas por ambos lados expresaba la plenitud de su significación (cp. Ap. 5:1), y su forma cuadrada denotaba su perfección (cp. Ap. 21:16). El autógrafo divino era un sello de su autoridad directa, que incluso el Hijo jamás ha abrogado (véase Mt. 5:17, 18).

La desaparición de las tablas autógrafas del Decálogo después de la destrucción del templo a manos de los babilonios fue la señal para un estudio más intenso de la Ley por parte de los judíos, lo cual aseguró su transferencia a sus mentes, de modo que nunca sería olvidada, al menos con respecto a la letra (Jer. 31:33).

ha sido transformada en emblema de reconciliación divina sin ninguna justificación para ello. La importancia y universalidad de este error demandan una refutación detallada.

Considerado desde una perspectiva *filológica*, la palabra hebrea *kappóreth* es un sustantivo participio femenino derivado de *kafár*, que significa "cubrir", y, por tanto, significa meramente una *cubierta* o "tapa" de la caja. Se emplea solo de este artículo, porque ninguna otra de las piezas de mobiliario o utensilios tenía una cubierta removible. La Septuaginta tradujo esto con el término griego *hilastérion*, que significa "propiciatorio". La Vulgata Latina imitó la traducción vertiendo *propitiatorium*, y las versiones posteriores han adoptado irreflexivamente la misma idea, como en la versión autorizada inglesa, que traduce "mercy seat [trono de misericordia]", y que la versión revisada inglesa ha retenido. De ahí que se haya edificado un mundo de sentimiento errado y de falsa poesía en toda la cristiandad con alusiones a este supuesto símbolo, basado todo ello en un craso error de traducción. Es cierto que el verbo, especialmente en la conjugación *Piel* o intensiva, de la que esta palabra se deriva directamente, tiene a menudo el sentido figurado de *cubrir* o de perdonar el pecado. Pero esto ocurre en muy raras ocasiones sin una mención expresa de la culpa y una preposición que conecte el objeto con el verbo, para señalar con ello la relación figurada. El Lugar Santísimo es una vez designado como "la casa del *kappóreth*", pero nunca fue un título distintivo o destacado para designar el edificio o la estancia. Sin embargo, en tiempos de David puede haberse empleado de manera natural para designar el hogar a punto de preparar para el arca misma, tanto tiempo sin morada, y de la que el *kappóreth* era una parte tan visible. No hay suficientes razones lingüísticas para apartarse del sentido evidentemente literal de la palabra aquí, como significando una cubierta del cofre.

Considerado *exegéticamente*, nada podría ser más inapropiado que el concepto de ninguna cualidad o referencia expiatoria en la cubierta del arca o en nada relacionado con ella. Es cierto que era la sede de la Shekiná divina cuando ésta estaba presente; pero era solo algo ocasional, y solo accesible para el sumo sacerdote, y esto solo una vez al año, y cuando aparecía era disuasiva (véase 1 R. 8:11). Los querubines que estaban sobre la cubierta eran asimismo desalentadores en lugar de atrayentes, porque, como en la puerta del Paraíso, estaban puestos para rechazar a todos los intrusos; y con esta misma intención el arca misma estaba cerrada a todo examen por esta misma cubierta. El aislamiento y la severidad eran los principios rectores de toda la disposición de este artículo de la manera más especial. No hay ni la más ligera indicación de que se significasen clemencia o perdón, sino, al contrario, el más rígido apartamiento y la justicia más inexorable. El mismo sumo sacerdote no era admitido revestido de los hábitos de su oficio, sino como un culpable condenado a degradación y muerte. Sus principales o únicas lecciones eran la inaccesibilidad y la severidad. Aquellos pasajes como Éxodo 25:22, que se refieren a comunicaciones desde este lugar, hacen referencia exclusivamente a Moisés.

En cuanto a la exposición *autorizada,* no podemos apelar a la alusión que hace el apóstol en la Epístola a los Hebreos (9:5, donde se emplea el término popular *hilastérion,* pero sin ningún énfasis o interpretación en concreto). El contexto muestra que el principal propósito de la referencia es exponer un contraste a este respecto entre el "propiciatorio" judío y el cristiano, más bien que hacer del primero un símbolo del segundo. Así, tanto si consideramos el velo rasgado como la separación entre este mundo y el otro por lo que respecta al Redentor glorificado en el cielo, o a Sus creyentes justificados en la tierra, es enfáticamente cierto que solo los cristianos tienen el privilegio de entrar en la sagrada presencia con la certidumbre de ser bien acogidos (He. 10:19-22). El verdadero y único *propitiatorium* es la persona de Jesucristo (Ro. 3:25; cp. He. 2:17; 1 Jn. 2:2; 4:10). Esto no puede ser simbolizado de ninguna forma idónea por el arca, porque aunque había rociamiento de sangre en relación con ambos, sin embargo en el caso de Jesús fue su propia sangre derramada de su propio cuerpo, mientras que el arca no tenía sangre propia, y la de la víctima no entraba realmente en contacto con ella en absoluto (como hemos mostrado antes). Los argumentos que aduce un autor en favor del punto de vista popular son insuficientes para contrarrestar estas objeciones. El único sentido en el que se podría mantener la idea de un *propiciatorio* de modo que sea consecuente con la tipología cristiana sería el local de un lugar favorecido donde Jehová se dignase mostrarse allí en prenda de una aprobación especial del culto que se le tributase. Para este pensamiento habría sido más apropiado el término "trono", un sentido que no puede extraerse de *kappóreth,* aunque está implicado en la palabra *yoshéb,* a veces empleada por los escritores sagrados en pasajes poéticos en alusión al santuario (lit., "el que se sienta entre los querubines", etc.). Hay entre eminentes eruditos judíos y cristianos algunos que siguen favoreciendo la traducción "trono de misericordia" (así Kalisch, Lange, Keil, Michaelis,

Tholuck, y unos pocos más); pero la gran mayoría de los mejores lingüistas e intérpretes favorecen la más sencilla traducción "cubierta" (entre ellos De Wette, Gesenius, Fürst, Schott, Zunz, Knobel, Hersheimer, Leeser, Benisch, Sharpe, Delitzsch, Kuinöl, Winer y muchos otros); algunos están indecisos (Rosenmüller, Ewald, Hengstenberg y otros).

El interés de los querubines se ahonda e intensifica gradualmente acerca del sagrado depósito que ha sido confiado a ellos en medio de la oscuridad, el silencio y la soledad del Lugar Santísimo, y al final sobrevuelan sobre él con el afecto de padres adoptivos. Entronizado dentro de esta triple línea de guardianes místicos, el resplandeciente símbolo del Rey de reyes se dignaba ocasionalmente a manifestarse al culto favorecido pero representativo en todo aquello que los ojos mortales pudieran soportar de la gloria divina (Éx. 33:18-23; 34:5-8), mientras que por encima colgaba perpetuamente la prenda más benigna de la presencia de Jehová ante la mirada pública, en el nimbo[12] alternativamente blanco y resplandeciente.

Su preservación

En el arca sagrada, aunque designada por un término diferente de la de Noé,[13] podemos con todo reconocer la idea común de preservación: en el caso que nos ocupa como depositaria de las tablas de la ley moral que Dios había dado;[14] en el caso de la otra como receptáculo temporal para aquellos grupos animales de los alrededores que no pudieran repoblarse fácilmente de otro modo. La manera significativa en que el apóstol alude al diluvio (2 P. 2:5; 3:6) parece haber llevado a los redactores del servicio bautismal del Libro de la Oración Común de la Iglesia de Inglaterra a considerar el arca de Noé como un tipo (porque es allí asociada con el paso del Mar Rojo como si fuese también "prefiguración del Santo Bautismo"). Sea como fuere, se podría suponer que

---

12. Heb. *anán*, la densa nube de tempestad, cargada con la refrescante lluvia, pero también con los destellos eléctricos.
13. Heb. *tebáh*, una palabra extranjera, que probablemente significa un "cofre", y que se usa solo de esta nave y del cesto en el que Moisés fue depositado (Éx. 2:3, 5), ambos pensados para flotar en el agua. No es poco significativo que en los monumentos egipcios estén tan frecuentemente asociados el santuario y una barca.
14. Por Deuteronomio 10:1, 2 es evidente que este era el sencillo propósito del arca; desde luego, en base del v. 3 parece que el arca fue preparada por adelantado. Era la joya incomparable de todo el santuario y del tesoro.

el arca de Noé, al ser la primera estructura habitable que se sepa que fue planeada por el Todopoderoso Arquitecto, ofrecerá algunas analogías al menos con el tabernáculo, y posiblemente con el arca bajo consideración. Por ello vale la pena hacer una breve comparación.

COMPARACIÓN DE LOS TRES ARCAS

Las dimensiones del edificio construido por Noé (porque edificio era antes de ser botado por el Diluvio) se dan asimismo en codos; 300 de longitud, 50 de anchura y 30 de altura (proporciones próximas a las de un gran barco mercante de nuestros tiempos), lo cual (con la excepción de la longitud, que en una nave tiene que ser siempre relativamente mucho mayor que la de una casa, porque ésta no se levantaría segura si fuese tan estrecha) no está muy fuera de proporción con las de las paredes del tabernáculo (30 x 10 x 10), ni con las del arca del tabernáculo (2-1/2 x 1-1/2 x 1-1/2). El arca de Noé tenía tres compartimientos, el tabernáculo uno y medio, y el arca propiamente solo uno; esto muestra una reducción gradual a este respecto. Como no se nos informa si se hicieron particiones ni cuántas en las sucesivas cubiertas del arca de Noé, no podemos compararla a este respecto con el tabernáculo o su arca. Pero podemos suponer que hubo una disminución correspondiente en su número. Las decoraciones internas están naturalmente fuera de lugar en el caso de las otras dos arcas. Pero sus contenidos eran en cierto sentido germinales en las tres: la primera contenía las simientes vitales de una nueva población para el globo, la segunda el núcleo heroico de una nueva nación, y la tercera los principios esenciales de toda moralidad.

Es en el estilo arquitectónico de las tres estructuras que esperaríamos de natural encontrar el mayor grado de congruencia, al emanar de la misma Mente. Y no quedan frustradas nuestras expectativas. Las tres eran esencialmente cajas rectangulares (pasando por alto el techo de tienda del tabernáculo, que no formaba parte esencial del *mishkán* o "habitación" de madera). Era desde luego una forma llana para un barco, y no muy artística quizá para una casa. Pero estaba en realidad admirablemente adaptada para todas estas funciones, la primera para flotar, la segunda para ser "calafateada", y la tercera para ser simplemente asentada. El techo, que acabamos de dejar fuera de consideración, presenta sin embargo algunos curiosos puntos de semejanza. Aunque naturalmente plano en el caso del propiciatorio, debe haber tenido una cierta pendiente en el arca de Noé, como en el tabernáculo, para desaguar la lluvia.

En los aleros, especialmente, encontramos una disposición singularmente similar, y sin embargo característicamente diferente, con el objeto de desaguar el agua caída. El codo del fondo del material del techo todo alrededor, que en el tabernáculo estaba vuelto abajo sobre la parte superior de las paredes, era aquí continuado como una cornisa o protección, y dejaba una abertura de esta anchura en la parte superior de las paredes laterales, para luz y ventilación (Gn. 6:16). "Una ventana [heb. *tsóhar*, una "luz", que se emplea solo de este objeto, y en forma dual del *mediodía*; en 8:6 se emplea un término diferente] harás al arca, y la acabarás [el arca, no la ventana, como se distingue en el original por el género] a un codo de elevación por la parte de arriba [más bien "desde la parte superior hacia abajo", lit. "desde hacia arriba", la expresión idéntica que se aplica al mismo espacio en el tabernáculo (Éx. 26:14)]. Este espacio, donde se omitió el maderamen de los lados, quedaba protegido de la lluvia por el alero que salía hacia fuera. En esta abertura se puso la celosía[15] que Noé abrió por primera vez para dejar salir y entrar el cuervo y la paloma (Gn. 8:6), y a través de la que, como estaba situada en el techo del piso superior,[16] podría ver las cumbres que se levantaban de las montañas alrededor (v. 5). Fue solo después del regreso de la paloma con una hoja de olivo fresca en su pico que tuvo seguridad de que el suelo había quedado suficientemente seco para permitirle actuar (v. 11) sin peligro de empantanar su embarcación en algún valle, y se aventuró a quitar parte del maderamen del costado mismo,[17] y luego *vio* por primera vez que el suelo se había secado completamente (v. 13). Esta explicación aclara de manera tan apropiada este difícil pasaje, y al mismo tiempo corrobora de tal manera nuestra perspectiva del tabernáculo, que esperamos que el lector perdone lo que por otra parte hubiera parecido una digresión innecesaria (véase ilustración 37).

---

15. Heb. *chalón* (lit. una *perforación*, "ventana"), se usa constantemente de aberturas enrejadas en los edificios orientales.

16. Concebimos que el piso medio del arca, siendo oscuro y frío, se dedicaría a almacenar provisiones para los animales, mientras que la bodega hubiera servido como una excelente cisterna para agua dulce (se hubiera llenado con los cuarenta días de lluvia) necesaria no solo para su uso durante todo el año de confinamiento, sino también como lastre.

17. Hebreo *mikséh*, "cubierta", la misma palabra que se usa exclusivamente en los demás pasajes para designar la cubierta exterior de pieles de las paredes del tabernáculo. Quizá la parte a que se hace aquí referencia exacta sea a la puerta en el lado del arca (naturalmente en el piso inferior), que fue cerrada desde fuera (6:16; 7:16), como era necesario para resistir a la presión del agua, que durante el Diluvio hubiera sido enorme.

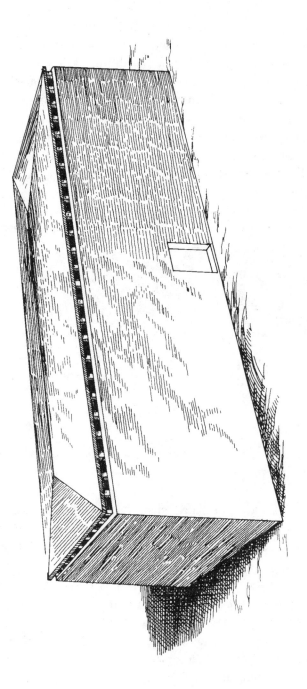

Ilustración 37.— Reconstrucción del arca de Noé

El arca de juncos (esto es, de cañas de papiro) en la que la madre de Moisés puso al pequeño (y que es designada, como ya hemos visto, con la misma palabra que el arca de Noé), es también significativa de preservación, y tiene muchos otros rasgos de semejanza. Era una caja de juncos de alrededor de las mismas proporciones que la media que hemos observado antes, con una forma como la de un sarcófago o caja para momias, recubierta también de betún por dentro y por fuera (lo que se corresponde con el recubrimiento de las tablas del tabernáculo), recubierta con las ropas del bebé, y precisando para poder respirar de una abertura alrededor de la parte superior para la cuna flotante del futuro legislador, similar a la del arca de Noé, hecha sin duda por la omisión de algunas de las líneas de juncos (véase ilustración 38).

Ilustración 38.— Forma probable del arca de juncos

EL DECÁLOGO

En las tablas del Decálogo depositadas en el arca sagrada reconocemos en el acto el símbolo de la ley moral, no promulgada ahora por vez primera; porque los pecados contra Dios y los crímenes contra el hombre que en ella se prohíben han estado siempre proscritos por la conciencia universal. Era necesario que estos principios fundamentales de la ética quedasen formalmente restablecidos y publicados de forma autorizada para la recién formada comunidad de Israel. Por ello, percibimos que aunque los diez mandamientos son específicamente unas promulgaciones judías, son también unos estatutos cosmopolitas y perpetuos: "la ley común", como decimos en la actualidad. Sin embargo, en el sentido teológico no son más una base de salvación para el hombre caído —que ya los ha quebrantado, y que sin ayuda nunca puede guardarlos— que el código ceremonial del Pentateuco. Desde luego, ponen el énfasis en ciertos principios legislativos, de manera destacada el monoteísmo y el sábado, porque estos habían sido tristemente descuidados, y por desgracia siguen siéndolo. En esencia reiteran de una manera simple las reglas cardinales de la sociedad civilizada. Todos ellos son de sentido negativo, como lo fue el primer mandamiento en Edén, y como lo son los preceptos del código penal; sin embargo, no comportan una pena específica, implicando la capital de excomunión eclesiástica y de muerte física. Son de aplicación personal, expresadas en segunda persona del singular (p.e., "no tendrás"), y su sentido es inequívoco. Finalmente, tal como los expuso el Señor (Mt. 5:21, 22, 28), y tal como podía descubrirlo fácilmente el judío ilustrado (Ro. 7:7-13), el significado va mucho más allá de la letra, y alcanza al espíritu y a la intención del alma (He. 4:12).

El carácter tipológico de las tablas de piedra queda claramente expuesto incluso por escritores del Antiguo Testamento (Pr. 3:3; 7:3; Jer. 17:1; 31:33), pero aún en forma más clara por los del Nuevo Testamento (2 Co. 3:3, 7; He. 8:10; 10:16), como contraste con la tierna receptividad del corazón. La rotura de las que había preparado el mismo Jehová, como presagio aciago de un pacto nunca plenamente renovado, queda indicada en las propias premoniciones de Moisés acerca de la frecuente y final apostasía de su pueblo (Dt. 9:7-24; 31:16-27).

Los restantes rasgos de la estructura del tabernáculo y de su aparato, como la variedad de los colores y la disposición de las colgaduras, los abultamientos en el tallo y brazo del candelero, las joyas y las adiciones en la vestimenta del sumo sacerdote, etc., aunque en cierto grado eran útiles, eran principalmente ornamentales. Bajo esta luz, simbolizan el elemento de hermosura como uno de los importantes componentes en esta lección gráfica de Jehová a su pueblo de párvulos. El aspecto estético nunca es descuidado por el divino Arquitecto, ni fue sacrificado a la funcionalidad en el estilo más bien severo[18] del

---

18. Es apropiado observar que aunque el tabernáculo difícilmente puede ser considerado elegante tanto en su conjunto como en sus detalles, en comparación con el templo y otros espléndidos ejemplos arquitectónicos, distaba de ser tosco o sin gusto. Desde luego, no solo daba evidencia de una gran pericia, sino que también exhibía una gran magnificencia en su diseño y decoraciones, y los materiales eran con frecuencia de los más costosos. Los ricos paños, los preciosos metales y las costosas piedras que se prodigaban en él eran parte del "despojo" pedido por los israelitas como justa compensación de los egipcios por los largos años de dura esclavitud (Éx. 12:35, 36). Los medios para mantener el servicio sagrado, como la harina, el aceite, etc., muestran que había alguna comunicación con sus vecinos sedentarios durante la larga estancia en el desierto. Hasta el día de hoy, Egipto es la fuente de mercancías para los árabes del lugar. Las minas de la península del Sinaí eran unas conocidas colonias penales de los antiguos egipcios, y se mantenían convoyes regulares de aprovisionamiento para las guarniciones militares y los convictos enviados allí. A éstas podrían haber accedido fácilmente los israelitas sin peligro de interferencia del gobierno

tabernáculo, como tampoco se sacrifica en la naturaleza, donde pájaros y flores y formas graciosas se mezclan en deliciosa armonía con las fuerzas atléticas y los aspectos duros de una existencia diligente. La verdadera ciencia y el arte casto son la legítima descendencia gemela de la piedad genuina.

EL SIMBOLISMO DE LOS MATERIALES DEL TABERNÁCULO

Habiendo casi agotado los aspectos externos del equipamiento del tabernáculo, podemos ahora indagar con propiedad acerca de si los diversos materiales empleados en su constitución y operación no tienen también un sentido simbólico. Como ya hemos visto, han sido tomados de los tres reinos naturales, el mineral, el vegetal y el animal. Los examinaremos de manera tan ajustada como podamos según su orden de aparición.

La madera

El más abundante de todos estos materiales, y el más empleado para viviendas, especialmente las portátiles como esta, porque el material que presenta la mayor resistencia con el mínimo peso es *la madera*. En este caso es madera de acacia, y no es solo porque fuese la más disponible en cantidades suficientes, y en realidad prácticamente la única a mano, y no solo porque fuese firme y duradera, sino también a causa de sus terribles espinas que inhiben de tocarlo, que este árbol era un buen emblema de la inaccesible majestad de Jehová y de todo lo que le pertenecía. Este árbol[19] está bien descrito por Tristram:[20]

---

metropolitano, ahora ya totalmente reconciliado con la emigración de ellos. Moisés mismo había obtenido el beneficio de cuarenta años de experiencia como refugiado en esta misma región. La frecuentada ruta de caravanas que comunicaba con Damasco (Gn. 37:25) pasaba junto a la costa de Filistea (Éx. 13:17). El camino corto de peregrinación a La Meca es relativamente moderno, y no toca el Monte Sinaí, que, sin embargo, parece haber sido un antiguo santuario de peregrinación religiosa (Éx. 3:1), como parece evidenciarse de las rocas con inscripciones en sus cercanías. Su población nativa debe haber sido siempre escasa y nómada.

19. El nombre hebreo para el árbol es *shittáh* (fem. sing.), mientras que la *madera* es *shittÓm* (masc. pl., esto es, las estacas; véase ilustración 39).
20. Tristram, H. B., *Natural History of the Bible* [Historia natural de la Biblia], p. 391-392.

No puede haber duda alguna acerca de la identidad del *shittáh* con la acacia, el único árbol maderero de alguna consideración en el desierto de Arabia. La especie de acacia que se encuentra allí es la *Acacia seyal,* un árbol nudoso y espinoso, algo parecido al espino solitario en sus hábitos y forma de crecer, pero de mucho mayor tamaño. Florece en los medios de mayor sequedad, y está esparcida más o menos numerosamente por toda la península del Sinaí. La madera es muy dura y de grano apretado, de un agradable color marrón anaranjado, con un corazón más oscuro, y admirablemente idónea para ebanistería fina. Sus hojas son pequeñas y pinnadas, y en la primavera está cubierta de manojos de flores amarillas que crecen apiñadas alrededor de las ramas como pequeñas bolas de fibras, y le han ganado el poético calificativo de la "acacia de rubios cabellos". Pertenece al orden natural *leguminosa,* y su semilla es una vaina como la del codeso.

Pero se la conoce mejor por su valor comercial, al producir la goma arábica comercial y para usos médicos, que se exporta en grandes cantidades del Mar Rojo. Esta goma rezuma espontáneamente del árbol, como yo mismo he observado frecuentemente en tiempo de calor, pero también se obtiene de manera más sistemática efectuando incisiones en la corteza; y los árabes no solo la recogen para su venta, sino también como alimento en tiempos de penuria. Dicen que también aplaca la sed. La corteza, que es un potente astringente, la usan los beduinos para curtir cuero amarillo, y los camellos se alimentan de su espinoso follaje.

La zarza ardiente de Moisés (Éx. 3:2), llamada *seneh* en hebreo, era indudablemente una acacia, cuyo nombre egipcio es el equivalente, *sunt,* mientras que el árabe es *seyal.* La especie es la *Acacia nilótica,* que se encuentra también en el desierto, y que es más pequeña que la *seyal* verdadera.

Hay diversas otras especies de acacia que existen en Palestina, pero todas ellas similares en estilo y apariencia, como la *A. farnesiana* en la costa, la *A. serissa* en algunos de los *wadis* meridionales. Estas no deben confundirse con el árbol comúnmente conocido como acacia en Inglaterra, que es una planta americana de un género diferente, con flores papilionáceas *blancas;* la *Robina pseudoacacia.*

Este era también el simbolismo en el caso de la zarza ardiente que vio Moisés en aquellos mismos alrededores, y a la que se le prohibió acercarse (Éx. 3:5). ¿No podría ser que el *maná* —aquel artículo alimenticio tan extraño para los hebreos que no tenían nombre para el mismo (Éx. 16:15),[21] pero que sabemos

---

21. Heb. *man hu, ¿Qué* [es] *esto?* Michael Liebentantz, en su pequeña monografía acerca de

Ilustración 39.— La *Acacia seyal*

que era un tipo de Cristo como el Pan de Vida (Jn. 6:31-35)— fuese una exudación preternatural de este mismo árbol? La "goma arábiga" tan singularmente similar y tan nutritiva del comercio es la exudación natural de al menos una especie del mismo género (con la que debían estar bien familiarizados en Egipto).

La madera se empleó en el tabernáculo principalmente para ser recubierta con metal, y era por ello un doble símbolo de soporte, porque sostenía —bien descubierta, o bien revestida—, las porciones textiles de la estructura de la tienda. Del mismo modo los mismos israelitas —y todos sus semejantes, pero en especial los santos— son sostenidos tanto en el aspecto natural como en el espiritual por aquel árbol de la vida, invisible desde el Edén, que prefiguraba el poder alimentador y sanador de Dios (Ap. 21:2).

Los metales

El primero que se menciona entre las sustancias metálicas del tabernáculo es el *cobre,* empleado con la mayor abundancia, no solo debido a su precio relativamente módico, sino más bien por su color profundo, y especialmente porque es capaz (por un arte que se ha perdido en la actualidad) de ser endurecido como el acero,[22] y, por ello, símbolo de durabilidad.

---

este asunto (*De Manna Israelitarum,* 1667) casi llegó a agotar las fuentes de información (principalmente de carácter filológico) disponibles en su época. La copia en nuestra posesión tiene notas manuscritas en el margen, aparentemente del autor mismo. Es probable que el verdadero maná del desierto se deba identificar no con la sustancia medicinal que lleva este nombre entre los drogueros, y que es un catártico de sacarina que exuda de algunas especies del fresno, sino con la *goma arábiga* comercial, toneladas de la cual este escritor vio amontonadas en sacos en las riberas del Nilo en Asuán, esperando ser embarcadas y despachadas río abajo. Hay varios otros árboles orientales que exudan unos productos dulzones a menudo llamados maná, especialmente la *turfa* o tamarisco, del que se recogen exudaciones en pequeñas cantidades en el Sinaí, pero forman un jarabe que no se corresponde para nada con la descripción bíblica, que además incluye algunos rasgos milagrosos, especialmente la cantidad doble y la cualidad de preservación en el maná recogido en viernes, en tanto que no caía nada en sábado.

22. Homero se refiere (*Odisea,* ix, 39, aunque algunos comprenden *hierro*) al templado de cobre para herramientas, y hay quien cree (Wilkinson, *Ancient Egyptians,* ii, 158) que los egipcios cortaban incluso el duro granito del Sinaí con este metal. Poseían extensas minas de cobre en el desierto del Sinaí, cuyos derrubios y pozos son bien evidentes en la actualidad en Surabet el-Jadim. No parece que estuvieran familiarizados con el hierro, y por ello este metal no aparece entre los materiales del tabernáculo; por otra parte, no hubiera sido adecuado, por su tendencia a oxidarse.

Ascendiendo en orden de dignidad entre los metales, pero empleado con mucha abundancia en el tabernáculo, tenemos la *plata,* el evidente símbolo de claridad, por su brillo blanco. Su empleo para las trompetas es apropiado por el excelente tono que se producía con ella, que es también símbolo del mensaje del evangelio (Ez. 33:3. 1 Co. 14:8; Ap. 8:6; 14:6).

El metal más costoso, el *oro,* era empleado en profusión en el tabernáculo, pero totalmente para recubrimientos externos. Como es un patrón universal, es por ello un símbolo de valor.

El tejido

Volviendo al reino vegetal para los accesorios de la estructura y equipamiento del tabernáculo, encontramos el *lino,* o el producto de la planta del mismo nombre, que destaca en las colgaduras y en los vestidos. Es un símbolo de limpieza, que, como dice el antiguo proverbio, viene "a renglón seguido de la piedad", y que era un punto de gran atención en todo el aparato sagrado.

Siguiendo en importancia para esta clase de uso aparece la *lana* de las ovejas, un animal ceremonialmente limpio, y que es evidentemente un símbolo de calor.

Empleado solo para lienzo tenemos el *pelo de cabra* (otro animal "limpio"), que aquí parece ser un símbolo de compacidad, por cuanto la cubierta del techo exigía esta cualidad en un grado eminente.

Las *pieles de carnero* sin esquilar, teñidas para hermosura, son símbolo de la protección frente a las inclemencias del tiempo.

Las *mantas de pieles* eran símbolo de suavidad. Si eran de cabras o de antílopes, eran asimismo de un animal "limpio". No aparece ningún otro material procedente del reino animal, excepto quizá la seda como alternativa para el oro, y el rojo o carmesí, asimismo de un gusano, y, finalmente, los dos púrpuras, de conchas marinas.

La *cuerda,* probablemente también de hebras de lino, que se usaba para soporte, puede tomarse como representativa de la fuerza, porque el lino torcido es lo menos susceptible de romperse.

La pedrería

Finalmente, en esta lista de sustancias llegamos a las que son quizá las más costosas por su tamaño, las gemas o *piedras preciosas,* que, como tenían que ser grabadas, pueden ser consideradas como símbolo de dureza.

Otros materiales

Además de los materiales ya relacionados, encontramos, entre los elementos empleados en el culto: *agua,* como símbolo de régeneración; *fuego* (perpetuo), que representa el celo (inapagable); *aceite,* emblema de esplendidez; *vino,* de alegría; *sal,* de lo que es saludable; *carne,* de sustancia; *grasa,* de elección (siendo la mejor parte); *sangre,* de la vida; *harina,* del vigor; y *especias,* de aceptabilidad. La mayor parte de estos artículos son tan frecuentes en las metáforas de la Biblia que no será necesario detenernos en ello.

SANTIDAD RELATIVA DE LOS DIVERSOS COMPONENTES

Un rasgo más digno de mención acerca de la disposición de las diversas partes del tabernáculo, y que pudiera haber sido considerada bajo el encabezamiento de sus proporciones relativas, pero que hemos preferido examinar más detenidamente y por sí misma, es la gradación de la santidad relativa u oficial manifestada en los sucesivos apartamentos y piezas de mobiliario.

De un modo general, es evidente que toda la mansión y sus recintos aparecen expuestos como la residencia de Jehová al estilo de la de un rey oriental, y que este era su hogar especial en medio de su pueblo escogido. Las sucesivas cortinas de las entradas mantenían fuera a todos los intrusos, y el mobiliario era de un estilo apropiado a su regia estación y comodidad. En el patio se llevaban a cabo los oficios culinarios del complejo, el alimento era cocido en el altar de bronce, y el lavado se hacía en la fuente. El Lugar Santo representaba la antesala, donde se despachaban los negocios oficiales. Aquí la lámpara que ardía toda la noche denotaba la incesante vigilancia y actividad del Rey Celestial. La mesa del pan de la proposición era su alimento, compuesto de los tres principales artículos de sustento en Oriente, el pan, el aceite y el vino. El altar del incienso era el lugar dispuesto para recibir el homenaje y los ruegos de sus súbditos. El apartamento interior era su cámara secreta para sus propios consejos privados y para su recogimiento.

Tras dejar el mundo exterior de intereses puramente seculares, tenemos primero el gran atrio accesible a todos los sacerdotes y levitas, pero (excepto en caso de privilegio individual) a nadie más. La frase "la puerta de la tienda" [no "del tabernáculo"], que tantas veces se emplea del lugar de reunión del pueblo [esto es, de sus cabezas representativas] (Lv. 8:3, 4, etc.; pero no cuando se refiere a los sacerdotes), era simplemente el punto exterior de la cortina delantera de la entrada del atrio, porque es esta misma palabra (*péthaj,* lit. una *abertura*) que se aplica asimismo a la del edificio mismo, pero nunca a la del velo más interior. Así, el recinto simboliza un ministerio sagrado en un sentido superior al usual del pueblo de Dios. Dentro de este recinto, además, encontramos la fuente, que es emblemática de la verdadera piedad (como solo puede brotar de un corazón renovado, Tit. 3:5), y está puesta allí como un requisito indispensable para cualquier servicio divino aceptable, especialmente en el caso de los representantes sacerdotales del pueblo (He. 10:22). El gran altar es una figura de la consagración personal que deben hacer de su ser entero a los deberes sagrados.

En el siguiente alejamiento de la vida secular, el Lugar Santo, al que ordinariamente no se admitía a ningún levita, vemos las prendas exclusivas de un sacerdocio dedicado, que era necesario en la gravosa y técnica rutina de las ofrendas sacrificiales, y que era por tanto considerado como el único medio hacedero de acercarse a la Majestad divina. Bajo el evangelio queda abolido todo este sistema de intervención humana, junto con el sistema ritualista sobre el que estaba basado, y cada creyente, sea viejo o joven, varón o mujer, pasa a ser rey y sacerdote (pero solo por sí mismo o sí misma solamente) ante Dios (1 P. 2:5, 9; Ap. 1:6, etc.). El candelero representa la inteligencia con el que debe llevarse a cabo este servicio, la mesa del pan de la proposición (lit., "de la presencia [divina]") la diligencia con la que tiene que llevarse a cabo, y el altar del incienso la actitud de oración de que debe ir acompañado. Y no supongamos que estos requisitos espirituales no eran comprendidos por los adoradores devotos entre los hebreos, fuesen clérigos o laicos (Lc. 1:10).

Retirándonos ahora a la estancia más interior, el Lugar Santísimo, que era la morada inmediata de Jehová, y de la que estaban excluidos todos excepto el sumo sacerdote en funciones, no encontramos nada allí excepto el arca y su propiciatorio para simbolizar al Dios invisible; la primera por los escritos depositados en la misma, como registro explícito de los principios morales; y el segundo por las figuras en pie sobre el mismo, como tipo convencional de las leyes naturales. El sumo sacerdote mismo es el representante de todo su orden, y a través del mismo, de los legos. Por cuanto ha pasado el gran Día de la Expiación, en el que Jesús como único Sumo Sacerdote de los cristianos ha entrado en la presencia real e inmediata de la Gloria celestial, ya no hay más necesidad ni lugar para ningún otro mediador entre el alma y Dios (He. 9:11, 12, 24). El velo es un tipo de su carne (He. 10:20), rasgada en la crucifixión

(Mt. 27:51), de modo que todos los santos pueden ahora entrar con libertad en el Lugar Santísimo (He. 10:19), revestidos en los ropajes de la justicia propia de Cristo (Ap. 19:8).

LA GLORIA SUPREMA DEL TABERNÁCULO

Ponemos fin a esta parte de nuestro tema con la observación de que la gloria suprema del tabernáculo y de su servicio residía —y así se comprendía universalmente— en el esquema gradual de revelación divina expresado en los tres modos de manifestación divina que hemos estado considerando. Detengámonos un poco más en ellos de una manera detallada.

La Shekiná[23] tenía simplemente el objeto de señalar la morada y presencia de Dios de alguna manera física y visible, y no comunicaba ninguna indicación de los propósitos divinos más allá de lo que se implicaba en este simple hecho. Se manifestaba en dos fases, cada una de ellas característica, y poseía dos rasgos aparentemente contrarios: un resplandor (denotando manifestación) y un humo (indicando ocultación); en otras palabras, la revelación era por entonces solo parcial.

En la "columna de nube de día, [y] de noche la columna de fuego", este contraste aparece por alternancia; pero la exhibición era constante en una fase y en la otra. Aquí, el propósito era sencillamente dar conducción en la jornada, y, por tanto, era una indicación del emplazamiento donde Jehová prefería que se levantase su tienda, y de cuando deseaba que fuese trasladada a otro lugar. Así, comenzó con la primera marcha, y cesó cuando el tabernáculo llegó a su último lugar de reposo. En el paso del Mar Muerto cambió de posición, de la vanguardia de la columna en marcha a la retaguardia, a fin de interponerse como barrera entre los israelitas y sus perseguidores (Éx. 14:19, 20, 24). Durante la promulgación de la Ley estuvo en la cumbre del Monte Sinaí (Éx. 19:9,

---

23. Hebreo posterior o arameo, Shekiná, lit. una residencia, el término inventado (no bíblico) para describir aquello que en la Biblia es llamado solo "la gloria de Jehová". Se designa como "apareciendo" habitualmente de forma pública en ocasiones memorables de intervención divina, especialmente en relación con el tabernáculo y otras escenas en el desierto, y también en la dedicación del Templo de Salomón. Es distinta de las teofanías especiales concedidas a los patriarcas y profetas de los tiempos del Antiguo y del Nuevo Testamento, por cuanto estas últimas eran de carácter personal, y aquella era multitudinaria. Éstas exhibían una forma corporal, más o menos distintivamente humanas, mientras que aquélla era simplemente una luz. En la transfiguración de nuestro Salvador quedaron combinados y cumplidos ambos aspectos.

16-20; 20:18-21: 24:15-18), de donde descendió a la tienda que Moisés ocupó temporalmente como morada oficial (Éx. 33:9, 10), volviendo luego a la cumbre del monte durante la segunda entrevista en aquel lugar (Éx. 34:5). Al culminar la construcción del tabernáculo según había sido ordenado, estableció su residencia permanente sobre el edificio, apartándose del mismo solo durante la marcha (Éx. 40:34-38). Es por ello el emblema de la revelación divina en su aspecto más inferior o general de dirección social en las crisis seculares o semiéticas de los asuntos humanos. La apariencia de ordinario vaporosa puede asimilarse a la quieta aprobación por parte del cielo de la conducta nacional o personal cuando era recta. Los destellos de los rayos, que en ocasiones aterraban a los espectadores, pueden ser las advertencias de retribución de la Providencia contra el mal.

El resplandor ocasional sobre el propiciatorio era prenda de una especial condescendencia de Jehová, menos pública, pero todavía en vista de algún acto nacional o eclesiástico de devoción. Es un emblema de la gracia que impulsa y da recompensa a tales expresiones de avivamiento religioso. Bien desesperado es el estado o la iglesia o la persona individual acerca de cuyo centro de conciencia se deba preguntar: "¿Dónde está la gloria [divina]?" (1 S. 4:21).

Una forma más específica de comunicación divina de parte del Omnipotente acerca de los secretos de su administración se encuentra en los misteriosos *Urim* y *Tumim* a los que, se manejasen como se manejasen, solo se recurría en emergencias especiales, principalmente públicas, pero teniendo, no obstante, un aspecto privado. Parecen corresponderse con las amonestaciones de la conciencia en el corazón natural, y con las del Espíritu Santo en el corazón regenerado. Ambas cosas se relacionan entre sí como el ojo y la luz, por cuanto involucraban de manera clara la subjetividad del receptor (el sumo sacerdote), que actuaba como medio de los mismos.

Finalmente, tenemos en el *Decálogo*, atesorado en el archivo del arca sagrada, el más claro y pleno código ético que jamás se haya divulgado por la humanidad en general, y que ninguna legislación o revelación posterior, ni todo el moderno ingenio o ciencia, han podido superar sustancialmente ni han podido refutar con éxito. Se han añadido muchas aplicaciones y observancias ilustrativas, pero la ley moral que se expresa en estos diez mandamientos se mantiene sin parangón y totalmente vigente en cada administración y entre todos, excepto las naciones sumidas en la barbarie. Pocos son los males del corazón o de la vida que no quedarían prevenidos o aliviados mediante su estricto cumplimiento en base de su verdadera intención y espíritu.

Tomando prestada una ilustración de la ciencia generalmente considerada como proveedora de la clase de prueba más imponente e irrebatible, podemos decir que así como la coincidencia de dos arcos, figuras o planos en tres puntos, en especial si son angulares, es una marca absoluta de igualdad o identidad total, del mismo modo la correspondencia en nuestra perspectiva del tabernáculo con su descripción escrituraria en los tres elementos esenciales del bosquejo metrológico, de adaptación funcional y de significación en dignidad es un testimonio concluyente de que el valor de las cantidades hasta aquí desconocidas ha quedado verdaderamente dilucidado.

A fin de eliminar cualquier sospecha de que incluso una ecuación así sea accidental, podemos además señalar al hecho de que cada una de estas tres confirmaciones es en sí misma triple o incluso múltiple de tres. 1. Las declaraciones o implicaciones *numéricas* del plano, las elevaciones y de las respectivas colgaduras del techo o de las paredes, aunque se dan o deducen de manera separada e independiente, coinciden de manera precisa en sus dimensiones. 2. El ajuste *mecánico* de las varias partes, tanto cuando es expresado —a veces de manera total, a veces de forma lacónica, a veces meramente insinuadas— como cuando es tácito, es a la vez sistemático, simple y eficaz. 3. El *sentido ideal del todo*: desde el atrio levítico (con la carne asada), a través del santuario sacerdotal (con sus humos aromáticos) y hasta el santuario sumosacerdotal (con su resplandor celestial). Todos los detalles, incluyendo las instrucciones para la construcción y uso, eran coherentes, necesarios y reflejaban la verdad redentora. Observemos esto: los *elementos físicos* (sacados de todos los ámbitos de la naturaleza), los *organismos corpóreos* (víctimas animales, agentes humanos o figuraciones querúbicas), las *señales convencionales* (fuego perpetuo en el atrio exterior, luz continua en el Lugar Santo, y oscuridad constante en el Lugar Santísimo), y el *aparato litúrgico* (tanto si se trata de accesorios para los sacrificios como de artículos costosos, o de ornamentos suntuosos). Proponemos que, en cada faceta, este plan es admirablemente progresivo, eminentemente instructivo y sublime en su decoro. No hay un solo rasgo incongruente, innecesario ni trivial en toda la categoría de detalles. Una teoría que une de manera tan plena y elegante todos los hechos y principios subyacentes, ha de ser cierta; y en la naturaleza del caso no puede darse un argumento más convincente. El registro sagrado es el único testimonio, su cuidadosa interpretación es el mejor jurista, y el sentido común el más alto tribunal. Esperamos con calma el veredicto final.

Como conclusión, y que a algunos de nuestros lectores podrá parecer que exhibe una confianza arrogante por no decir que una consumada egolatría, es apropiado añadir que somos bien conscientes del grado de certidumbre con que muchos de nuestros predecesores en este asunto han presentado sus planes de ajuste. Estamos seguros de que algunos de ellos, al menos, deben haber sentido unas secretas inquietudes acerca de la suficiencia de los mismos, aunque pocos han tenido la sinceridad de admitir (como lo hace con franqueza Brown,[24] y se debería recordar que él propone la teoría del techo plano) su sentimiento de incapacidad de cumplir los requisitos del caso. Tenemos la audacia de afirmar, y no tenemos conciencia de ninguna vanidad en ello, de que nuestra única inquietud en toda esta cuestión es que nuestros lectores puedan dejar de lado nuestras explicaciones y razonamientos, considerándolas como unas especulaciones ingeniosas y quizá plausibles, y que puedan por ello permanecer no convencidos por falta de un análisis real y exhaustivo. No tememos que dejen de dar su asentimiento final (excepto, naturalmente, en el caso de aquellos que abriguen prejuicios personales, y especialmente en el caso de aquellos ya comprometidos con una opinión diferente), si tan solo llevan a cabo el esfuerzo de verificar nuestra posición mediante un cuidadoso examen de las declaraciones de las Escrituras y de las exigencias mecánicas y artísticas del caso. A ellos justamente va dedicado el tema, sino el libro como tal.

Así culmina nuestra difícil y algo aventurada tarea, en un espacio tan breve como nadie podría esperar de un modo razonable. Creemos haber presentado nuestro alegato sin ninguna defensa irregular, y tenemos, por ello mismo, el derecho de culminarlo con Q. E. D.[25]

---

24. Brown, W., *The Tabernacle*, p. 43.
25. *Quod erat demostrandum* ("lo que se debía demostrar").

ÍNDICE DE TEXTOS DE LAS ESCRITURAS

La letra n después del número indica que la referencia es a la nota al pie de la página.

ÍNDICE ANALÍTICO

*Un asterisco * antes de un nombre indica que hay otras entradas bajo este título; la letra n después de un número de página indica una nota al pie; la letra i después de un número de página indica una ilustración.*

lado, del efod, explicación 105
láminas metálicas, fabricación 68n, 72
lámparas, sobre el candelero 71i
lana, simbolismo 142, 144; usada para trama coloreada 24
Lange, J. P. 133
latón, uso del 29n
lavamiento de manos, oriental 28n
lazadas; en las cortinas del techo 42i, 44-45, 51n, 58-61, 82; en las cortinas laterales 58i, 60i, 80
Leeser, I. 134
Lepsius, R. 18n
levitas 14, 17, 64, 74, 77, 92-95, 145
Ley, la 88-91; copia de la, encontrada por Josías 16
leyendas, asirias y egipcias 125
leyes, de las proporciones matemáticas 83
libación 64-65; explicación de 65n; copas de 65n
Libro de la Oración Común, de la Iglesia de Inglaterra 134
Liebentanz, Michael 141n
lino 95; blanqueado y sin blanquear 23n, 98-99n; simbolismo 95, 144
lino fino torcido, significado 23n
lluvia, en el Sinaí 40
logogrifo, de colores 122-123
Lugar Santísimo, descripción 78-92; entradas 80; dimensiones 30, 33-34, 39-40n, 71, 79, 144; simbolismo 145-147

madera, simbolismo 140-143
makbil 51
makséh 39n
maná; identificado 143n; recipiente con, guardado 89; símbolo 141
Manasés 76-77, 104
mandamientos; distribución de los diez 90; negativos 139
manto, vestidura superior 100n; del sumo sacerdote 100-101
manzanas, en el candelero 68n, 70i
marcha, orden de la 76-77
margen lateral y margen terminal, distinción 45-46
margen terminal 46
martillo, obra de, explicada 67, 67n
matojos, quemados por los monjes en el Sinaí 28
Meca, La 140n
mëíl, vestido superior 100n
menakkíth, copas de libación 65n
meraritas 74, 76-77
mesa del pan de la proposición 15, 62-65, 72, 76, 89, 116, 145; * platos; simbolismo 145
meshulláb 30n
metalurgia, egipcia 20n, 143n
Michaelis, J. H. 134
mikbár, trenzado 26n
millemálah 39n, 55
minas de Surabet el-Jadim 143n

mishbétseth, textura 103n
mishkán y óhel, distinción 30, 54n, 135
mitra, turbante 99, 99n
Mizpa, el tabernáculo en 15, 15n
mobiliario 75; del templo de Herodes 16; del tabernáculo 144; simbolismo 145
Moisés 76, 77; primer tabernáculo 13
moldura, de la mesa, explicada 62
moldura, vara 22
monedas, griegas 36; de los Ptolomeos 36
moshzár 23n
múl, cortado 42n

Nabucodonosor 15
nebúb lujóth, hueco de tablas 25n
Neftalí 76-77, 103-104
negro, simbolismo 118, 145
Nob, pan de la proposición en 15
nombres de las tribus, orden 104
números sagrados 113n

óhel y mishkán, distinción; * mishkán
olíbano, uso del 64, 65, 92
ónice 103, 105
orden, importancia del 113, 117
Orígenes 100
oro; simbolismo 122-123, 140; uso 36, 50, 62, 66, 79, 80, 84, 85, 89, 99, 100, 106, 120n

Paine, T. O. 22n, 26n, 35, 38n, 40, 42, 45, 73
palas del candelero 71
paletas del altar 27
palmo, explicación 19n
pan de la faz 63; * pan de la proposición
pan de la proposición; en Nob 15; descripción 62, 65; en el reinado de Ezequías 16; símbolo 145; * mesa de los panes de la proposición
paredes 30-40; cortinas 47, 57; tapizado 50-54; ilustración 31i; planchas 55i, ; de madera 31i, 55i
pectoral 6, 101, 103-108, 120, 130
pelo de cabra; para tejido 40; símbolo 144
Pentateuco 88, 138
péraj 69, 70i
perfume 6, 91-92
perillas, de cobre; forma 37n; altura 38, 52-53; cantidad 59, 60-61; emplazamiento 60, 73
perillas, de oro; forma 37n; altura 51; cantidad 59; emplazamiento 51, 58, 73, 80
péthaj, puerta 13n
pie, de la fuente, explicación 28
piedra de la tabla de la ley 88, 91; decálogo simbólico 138-139
piedras preciosas, en la vestidura del sumo sacerdote 103n, 144; en el pectoral 104-105; simbolismo 144

piel, simbolismo 144
pieles de carneros; simbolismo 144; emplazamiento 40-41
pieles; de paredes llevadas por encima de los aleros 47-48; simbolismo 143-144; uso 77, 119
pieles, doble capa de 39
pirámide 18n
pisos, en el arca de Noé 135-136
planchas; * paredes
plata; descripción de las trompetas 61i, 71; simbolismo 144; uso 22,35, 78, 118
platillos 65, 71
platos; distinción entre las diferentes clases 29; de la mesa del pan de la proposición 65
pliegue; en la cortina del techo 47, 48i; en las cortinas laterales 58i, 60i
poste o soga de caballete innecesarios 49
postes del atrio; descripción 19-25, 22i; distribución 21-22; cara 22n
prenda interior 93
príncipes 64, 99
propiciatorio 14, 67n, 76, 132, 135, 146, 148; descripción 83-84, 92; frase incorrecta 132
proporción, importancia de la 112
Ptolomeos 35-36
puerta, cortinas de; * cortinas de la puerta
púrpura; simbolismo 121-122; tinte de Tiro 22

querubines 56-57, 67n, 78, 82, 84-88, 108, 125, 127, 130-131, 132, 133; * ángeles; rostros 86, 127; forma 85-86, 86i, 127; número 83; presentación 56, 87; postura 56, 82, 131; simbolismo 84, 87-88, 127-129
Quiriat-jearim, arca en 15n

rabinos, los 95-96, 107
Ras Sufsâfeh, cumbre 18
recinto interior 83
rectángulo, simbolismo 125
reino animal 144
reino vegetal 117, 144
Reland, A. 11
résheth 26n
revelación, prefigurada 146
rojo, simbolismo 113n, 121-122
Rosenmüller, J. G. 134
Rubén 77, 103-104
ruedas de los querubines 127

safáh y katsáh, distinción 46
sal, uso 64n; simbolismo 145
sandalias, no usadas por los sacerdote 93
santidad de los componentes 145-146
santuario 58n, 64, 65, 72n, 77, 94, 110; descripción 30; dimensiones 33-34

sárdica, piedra 105
seda, alternativa para el oro 144
semana, número natural 114
Sennert, A. 88
sentidos, símbolos adaptados a los 117
serafines 87
sesga, en la esquina de las cortinas del techo 47, 48i
sexo, número natural 114-115
sexta cortina del techo 42-43, 47
seyál, descripción 30n
shaní, gusano del carmesí 24n
Sharpe, S. 134
Shekiná 14, 126, 132; explicación 147n; simbolismo 130, 147
shesh moshzár, lino blanqueado 23n
shittáh y shittîm, distinción 140n; identificación 140-141
shóham 103n
siclo, determinación 36
siete, símbolo 113-114
Silo, el tabernáculo en 14
simbolismo 110; esquemas 110-150
Simeón 76-77, 103-104
Sinaí; estación penitenciaria de Egipto 140n; Monte, descripción 17
Sión, monte; el tabernáculo en el 15
Soltau, H. W. 12
sumo sacerdote; * pectoral; vestimenta del 98-99; tipo 146

tabáath, anillos 37n
tabernáculo de reunión 13
tabernáculo; comparado con el templo 139-140n; gloria suprema 147-150; dimensiones 33-34, 42; erigido 14-15; aspectos externos de los artículos 125; forma ilustrada 49i; historia 13-16; significado de la numerología 112-116; preservación 134; propósito 130-131; estructura 17-114
tablas de la esquina, descripción 32-33
tablas; del altar 25n; del tabernáculo 30-37
tájash 39n, 40; identificación 119n; pieles como simbolismo 144
tazones, del altar 27
tazones, sobre la mesa 65
tebáh, cofre 134n
techo en pico, necesario 39
techo 39-50; cortinas del 40-41, 42i, 43-44, 45, 51n; pliegue ilustrado 48n; longitud 46; no plano 39-40n
tejido 7, 23-24, 39, 41, 46, 51, 54, 56-57, 59, 81, 94-95, 97-101, 105, 120, 144
tekéleth, concha marina 24n
templo, de Salomón 10, 85, 120, 147; edificación 15; destrucción 16; de Herodes 16
templos egipcios 10, 129
terafines 109, 129